Ich, Jürgen Sparwasser, meine Biographie

Jürgen Sparwasser • Detlef Noack

Liebe Freunde und Fußballfans,

zuerst möchte ich mich bei allen bedanken, die an diesem Buch mitgewirkt haben, ganz besonders aber bei meiner Frau Christa. Ohne ihre detaillierten Aufzeichnungen über mein Fußballer-Leben hätte es sicher so nicht geschrieben werden können.
Vom Beginn unserer Beziehung an, sogar über das Ende meiner Sportler-Karriere hinaus, sammelte sie nahezu lückenlos Bilder und Zeitungsausschnitte, machte Statistiken und stellte alles in Alben und Büchern zusammen. Allein schon nach 16 Jahren Fußball kam da einiges zusammen. Uns hat die Arbeit an diesem Buch sehr viel Freude gemacht. Wir hoffen, Sie lesen es mit dem gleichen großen Vergnügen!

Mein Sechzigster

Lange hatten meine Frau Christa und ich überlegt, wo und wie wir meinen runden Geburtstag feiern sollten. Wir, aber auch unsere Freunde aus Hessen, waren uns bald darüber einig, dass es nur dort sein konnte, wo ich einst mit meinen Mannschaftskameraden die größten sportlichen Erfolge gefeiert hatte und viele der Ehemaligen heute noch beheimatet sind: In Magdeburg! Mein größter Wunsch war es jedoch, zu meiner Feier den Mann zu begrüßen, der mir schon in jungen Jahren den persönlichen und sportlichen Weg aufgezeichnet hatte. Jener, der es mir ermöglichte, auf dem Rasen ein guter „Kicker" und außerhalb des Stadions eine gefestigte Persönlichkeit zu werden. Gemeint war mein väterlicher Freund und Trainer Heinz Krügel, mit dem ich einst ein Schlüsselerlebnis hatte, das mein ganzes Leben prägen sollte.

Ich war damals gerade 18 Jahre alt geworden. Wir hatten in Magdeburg ein Punktspiel. Nach dem Abpfiff mussten wir, wenn wir zurück in die Kabine wollten, an seinem Trainerbüro vorbei gehen. Die Tür stand immer weit offen, so auch dieses Mal. Wir wussten nie genau, ob und wen er vielleicht zu sich hereinbeordern würde. An jenem Tag erwischte es mich. „Junger Mann, kommen sie doch mal rein!" Ich hatte zwei Tore geschossen und gut gespielt, so glaubte ich zumindest. Da konnte ich also eigentlich mit breiter Brust sein Zimmer betreten. Aber eben genau das war auch der Grund der Ansprache, die er jetzt an mich richtete: „Sie haben gut gespielt, aus ihnen kann einmal ein ganz großer Fußballer werden! Aber merken sie sich eines: Wenn sie jetzt in die Gaststätte gehen, um den Sieg zu feiern und ihnen Leute auf die Schulter klopfen, vergessen sie die lieber gleich! Jene, die nicht nur ihre Leistung loben, sondern ihnen auch Ratschläge geben, um noch erfolgreicher zu werden, an die müssen sie sich halten!"

Im Sportlichen, Beruflichen und Privaten habe ich mich immer daran zu halten versucht, auch wenn mir das natürlich leider nicht immer gelungen ist. Ich wusste, dass Heinz Krügel zu mir nach Bad Vilbel aus gesundheitlichen Gründen nicht kommen konnte. Er hatte mir aber am Telefon versprochen: „Jürgen, wenn es einigermaßen geht, komme ich."
Am 4.Juni 2008 war dann endlich „Anstoß". Meine alten Mannschaftskameraden waren fast alle meiner Einladung gefolgt. Christa und ich hatten also alles richtig gemacht. „´Spary`, was willst du mehr!", freute ich mich. Aber ich muss gestehen, mir kamen damals Freudentränen, als ich meinen Trainer als den ersten Gratulanten begrüßen durfte. Ein schöneres Geschenk hatte es für mich nicht geben können. Heinz Krügel waren seine fast 87 Jahre an jenem Tag kaum anzumerken. Wie in alten Zeiten unterhielt er uns mit einer Anekdote nach der anderen. Erst sehr spät verließ er dann die Feier. Beim Abschied aber überkam mich ein eigenartiges Gefühl. Die Umarmung und sein Händedruck waren nicht typisch für Heinz Krügel. Zu Christa meinte ich noch: „Ich glaube, er wollte mir eben noch irgendetwas signalisieren." Leider sollte ich mit meiner Ahnung Recht behalten. Einige Monate später ist unser Coach verstorben.
Freunde und die immer noch erstaunlich vielen Fans gängelten mich über die vielen Jahre immer wieder: „Mensch,´Spary`, du hast sportlich, privat und beruflich so viel zu erzählen. Setze dich doch endlich mal hin und schreibe deine Biographie! Erzähle uns von den Höhen und Tiefen deiner sportlichen Karriere! Schildere uns, was du mit ´Zappel, Paule & Co` beim 1. FC Magdeburg, in der Nationalmannschaft, aber auch außerhalb des Spielfeldes, erlebt hast!" Gebe uns einen Einblick in das Privatleben der Sparwassers! Sie hatten ja alle damit Recht. Mein Sechzigster! Mensch, wie schnell die Zeit vergangen war! Anlass genug also, um mit der Arbeit an meiner Biographie zu beginnen.

Schicksalstore

Seit Jahren kann jeder Fußballfan im Fernsehen über das Tor des Monats, des Jahres und des Jahrzehntes abstimmen. Es gibt viele interessante Statistiken über die erfolgreichsten Torjäger der Fußballgeschichte. Jeder hat da seine persönliche Rangliste unvergessener Tore. Aber es existiert auch noch eine andere ganz besondere Kategorie, nämlich die der meist diskutierten Treffer und ihrer Torschützen. Studenten gingen ihr nach, als sie die Fans in den Stadien aller Spielklassen Deutschlands befragten, ohne dabei von vorn herein eine Rangfolge festzulegen: „Nennen sie uns die drei wichtigsten Treffer und ihre Torschützen aus der deutschen Fußballgeschichte, die für den Fan, positiv oder negativ gesehen, unvergessen bleiben!" Am meisten erinnerte man sich an Helmut Rahn, Weltmeisterschaft 1954 – sein Tor zum 3:2 für Deutschland gegen Ungarn, an Geoffrey Hurst, Weltmeisterschaft 1966 – Lattenunterkante, das „Wembley-Tor" für England gegen die Deutschen, und Jürgen Sparwasser, Weltmeisterschaft 1974 – das 1:0 für die DDR gegen die BRD. Das macht mich natürlich schon ein wenig stolz, aber so richtig kann ich immer noch nicht glauben, dass auch ich dabei bin.

Tor aus dem Hintergrund

Ich war gerade mal sechs Jahre alt, als Helmut Rahn am 4. Juli 1954 im Berner Wankdorf-Stadion beim Endspiel um die Fußballweltmeisterschaft sechs Minuten vor Schluss zum 3:2 für Deutschland gegen den haushohen Favoriten Ungarn einschoss. So richtig mitbekommen habe ich das damals zwar noch nicht, aber immer wieder, wenn ich den altbekannten Kommentar von Herbert Zimmermann höre, richten sich bei mir sogar heute noch die Nackenhaare auf. Der Außenseiter Deutschland wurde Weltmeister – das Wunder von Bern. Nicht selten wird heute noch jener Tag als die eigentliche Geburtsstunde der damals noch jungen Republik bezeichnet. Aus den Trümmern des gerade einmal neun Jahre zurückliegenden Zweiten Weltkrieges wuchsen plötzlich Zuversicht und Selbstbewusstsein in den Herzen eines schuldig beladenen Volkes. Auch im Osten des geteilten Deutschlands lösten die Helden von Bern eine Euphorie aus. Noch Jahrzehnte nach diesem emotionsgeladenen Ereignis musste „der Boss" immer wieder die entscheidende Torszene beschreiben. Ob auf der Straße oder in der Kneipe, es hieß in der typischen Umgangssprache des Ruhrpotts immer wieder: „Helmut, erzähl mich das dritte Tor!"

Der Lattentreffer

Zwölf Jahre später, am 30. Juni 1966, stand Deutschland wieder im Finale um den Fußball-Weltmeistertitel. Der Gegner war damals Gastgeber England, in deren Elf Weltklassespieler wie Moor, Peters und Hurst standen. Sie hatten drei Monate zuvor in Magdeburg mit West Ham United gegen uns um den Europapokal gespielt. In diesem Europapokal-Viertelfinale hatte ich mit 17 Jahren mein internationales Debüt gegeben und fieberte deshalb natürlich diesem WM-Endspiel besonders entgegen.

England sah während des Spielverlaufes im legendären Londoner Wembley-Stadion schon wie der sichere Gewinner aus, doch Wolfgang Weber erzielte in der letzten Minute noch das 2:2. Es ging also in die Verlängerung, die es dann in sich hatte. In der 101. Minute schloss der englische Mittelstürmer Geoffrey Hurst eine sehr gute Kombination ab. Sein Schuss ging an die Lattenunterkante. Auf den Rängen und vor allen Dingen auf dem Platz herrschte jetzt heillose Verwirrung. War der Ball nun hinter oder vor die Torlinie gesprungen? Die Engländer rissen die Arme hoch und waren sich sicher, ein reguläres Tor erzielt zu haben. Die deutschen Abwehrspieler und auch Torhüter Hans Tilkowski waren jedoch fest davon überzeugt, dass der Ball vor der Linie aufgeschlagen war. Auch Gottfried Dienst, der Schweizer Schiedsrichter, ließ auch erst einmal weiter spielen.

Dann aber kam der Auftritt des sowjetischen Linienrichters Tofik Bachramow, der aufgeregt seine Fahne an der Außenlinie wedelte. Die 100 000 Zuschauer im Stadion und sicher auch die Millionen vor den Fernsehgeräten hielten den Atem an. Schiedsrichter Dienst ging an die Außenlinie, ein kurzes Gespräch mit seinem Assistenten, dann zeigte er auf den Mittelkreis: Tor für England! Alle Proteste der Spieler nützten nichts. Dieser Treffer, der später als „Wembley-Tor" in die Fußballgeschichte einging, hatte die Weltmeisterschaft 1966 entschieden.

Wo auch heute immer auf den Fußballplätzen dieser Welt das runde Leder von der Lattenunterkante vor- oder hinter die Torlinie springt, spricht man von einem „Wembley-Tor", das gegeben oder nicht gegeben werden kann.

Hamburg 74

Keine Diskussionen, ob Abseits, Handspiel oder „Wembley-Tor"! Mein Treffer zappelte zwölf Minuten vor dem Abpfiff in der WM-Begegnung DDR gegen BRD, am 22. Juni 1974, im Hamburger Volkspark-Stadion, unhaltbar für Sepp Meyer im Netz. Lähmendes Entsetzen auf den Rängen bei den „Wessis", grölende Gesänge bei den 1 500 abgesandten „Ost-Touristen". Von denen wussten in diesem Moment einige mit Sicherheit nicht, warum sie mit ihren Fähnchen winken sollten.

Die damals nach dem Spiel heftig einsetzenden Debatten, wie, warum und weshalb die BRD gerade diesen „Bruderkampf" verlor, halten zum Teil sogar bis heute an. Ein Beispiel: Ich stand bei einem Sportlerball in Frankfurt/Main mit anderen bekannten Athleten aus Ost und West auf der Bühne. „Sportler beider ehemaliger deutscher Staaten zeigen sich 20 Jahre nach dem Fall der Mauer geschlossen und vereint!", so hieß es. Die Teilnehmer wurden vorgestellt, jedes Mal applaudierten die Gäste. Dann kam ich an die Reihe. Plötzlich störte da tatsächlich einer mit lautem Pfeifen. Der hatte anscheinend 35 Jahre nach die BRD-Niederlage von 1974 die „Schmach" immer noch nicht verkraftet. Ich ging also später an seinen Tisch und sagte ihm, er könne doch froh darüber sein, dass es damals so gelaufen war. Dann bot ich ihm noch ein Taschentuch an. Falls er aber mit seinem Gram an diesem Abend wieder nicht fertig werden könne, solle er lieber zum Heulen vor die Tür gehen. Eines stünde doch ohne jeden Zweifel fest, das hatte selbst der „Kaiser" unmittelbar nach dem Gewinn des WM-Titels gesagt: „Ohne diese Niederlage wären wir nicht Weltmeister geworden. Gebt dem Sparwasser doch die 23. Medaille!"

Aber warum fielen damals viele aus dem Westen, teilweise auch aus dem Osten, in einen solchen Schockzustand? Wir hatten uns 1974 erstmals für die Weltmeisterschaft in der BRD qualifiziert, und ausgerechnet bei der DDR-Fußball-WM-Premiere entschied das Los, dass beide deutsche Teams in Hamburg gegeneinander antreten sollten. Ich verfolgte das vor dem Fernseher von der heimatlichen Couch aus bei einem schönen Pils und war natürlich sehr angespannt. Man hatte einen Chorknaben für die Ziehung der Paarungen bestimmt. Dann geschah es! Wir waren tatsächlich mit der BRD in einer Gruppe. Ich rief meine Frau: „Schau dir mal diesen Knaller an!" Innerlich freute ich mich: „´Spary`, du wirst das weltgrößten Fußball-Event als Spieler miterleben!" Ich hatte zwar schon 1972 bei den Olympischen Spielen in München die Bronzemedaille gewonnen, doch im Fußball hat Olympia nicht so einen hohen Stellenwert, wie eine Weltmeisterschaft. Damals spielten wir übrigens auch schon gegen die BRD und gingen danach als Sieger vom Platz. Ein offizielles Länderspiel der Nationalmannschaften hatte es aber allerdings bis dato noch nicht gegeben.
Unser Telefon klingelte an jenem Tag unaufhörlich. Auf den Straßen gab es nur ein Thema: Dieses Spiel! Sein Ausgang war für viele von vorn herein klar. Lediglich über die Höhe unserer Niederlage war man sich noch nicht einig. Diese Diskussionen führten sogar dazu, dass ich mit meinem Schwager über Monate nicht mehr redete. Im Westen Deutschlands herrschte unter den Medien und der

Bevölkerung im Hinblick auf die Begegnung am 22. Juni 1974 eine regelrechte Hochstimmung. Nach dem Motto: „Bei den Olympischen Spielen kann die DDR so viele Goldmedaillen holen, wie sie will. Bei dieser Fußballweltmeisterschaft aber, noch dazu im eigenen Lande, zeigen wir denen mal, wer Deutschlands Sportart Nummer 1 das Sagen hat!" Auch bei vielen Menschen in der DDR, die mit dem System nicht einverstanden waren, die bei Länderspielen der BRD in ihren Wohnzimmern immer das „Deutschlandlied" mitsangen, stellte sich die sichere Erwartung von innerer Genugtuung ein. Endlich wird dieses System seine verdiente Niederlage erhalten! „Die Straßen in Ost und West waren am Abend des Spieles wie leergefegt!", erzählte mir Christa später. Die gesamte Fußballwelt blickte nach Hamburg. Dann kamen die Schicksalssekunden, in den ich den Siegtreffer erzielte.

Wie heißt es immer so schön: „Der Fußball hat seine eigenen Gesetze und schreibt seine eigenen unergründlichen Geschichten!" Eine davon entstand eben an diesem 22. Juni 1974. Mein Tor scheint also fester Bestandteil deutsch – deutscher Fußball-Historie geworden zu sein, denn seit dem Mauerfall ist sicher, dass es keine Wiederholung einer solchen Begegnung geben wird. Ob ich das nun so möchte oder nicht: Den Namen Sparwasser, die Fußballweltmeisterschaft 1974, das Spiel von Hamburg und die 78. Minute werden die Menschen wohl immer in einem Zuge nennen, verbunden mit positiven oder negativen Erinnerungen.

Meine Kindheit

Nach Kriegsende war mein Heimatort Halberstadt von den Bombenangriffen der vergangenen Monate schwer gezeichnet worden. Vater kehrte als ehemaliger Marinesoldat aus norwegischer Kriegsgefangenschaft zurück. Er hatte sich bis Oebisfelde durchgeschlagen, während Mutter mit meinem Bruder Diethard zu den Großeltern auf das Land gezogen war. Dort fühlten sie sich sicherer, schon wegen der Versorgung der Familie. So richtete man sich später, so gut es ging, in Rätzlingen ein. Eines Tages kam Vater mit einem Arbeitsvertrag als Motorenbauer aus dem nahe gelegenen Wolfsburg zurück. Schon vierzehn Tage später hätte er anfangen können. Doch da war auch noch die Sorge um Onkel Kurt und die Großeltern in Halberstadt. Keiner wusste, ob sie die schweren Bombennächte überlebt hatten. Vielleicht brauchten sie Hilfe! Mutter und Vater machten sich also auf den Heimweg, während Diethard bei der Oma in Rätzlingen blieb. In Halberstadt angekommen, war die Wiedersehensfreude sehr groß. Die Ungewissheit hatte ein Ende. Zwar hatten die Großeltern damals erfahren, dass Vaters Kreuzer auf der Nordsee nach einem Gefecht mit den Briten untergegangen war und er dann in Kriegsgefangenschaft musste. Jetzt aber stand er wieder gesund vor ihnen, da flossen natürlich die Tränen. Später wurde über den Arbeitsvertrag in Wolfsburg gesprochen, aber auch vom Halberstädter Motorenwerk war plötzlich die Rede. Dort wurden ebenfalls Leute gesucht. Für junge Paare baute man sogar die alten Kasernen zu Wohnungen um. Ein sehr gewichtiges Argument, denn Mutter war ja zu diesem Zeitpunkt mit mir schwanger.

Schon am nächsten Tag stellte sich Vater in der Personalabteilung des Motorenwerks vor, und bald war entschieden, dass Sparwassers in Halberstadt bleiben. Ich wurde dann am 4. Juni 1948 geboren. Mutter kümmerte sich um uns Kinder und den Haushalt, Vater arbeitete sich gut in seinem neuen Betrieb ein. Natürlich waren die vielen Alltagssorgen der Nachkriegszeit noch überall zu spüren, aber meine Eltern taten alles, um uns nichts davon spüren zu lassen. Gerade Mutter war nach der Devise „Not macht erfinderisch!" eine Meisterin im Improvisieren. So wuchsen wir Kinder in gesicherter familiärer Atmosphäre auf. Diethard war sechs Jahre älter als ich. Er und die anderen großen Jungs spielten gerne Straßenfußball. Im Winter war dann natürlich Eishockey angesagt. Da musste schon mal Opas Gehstock als Eishockeyschläger herhalten. Bald nahm mich Diethard zu den Spielen mit. Obwohl ich der Jüngste und so auch der Schmächtigste von allen war, stellte ich mich wohl gar nicht so schlecht dabei an. Auf jeden Fall war ich sehr ehrgeizig. Verlieren war leider nicht meine Sache, so dass ich vielleicht manchmal etwas zu ruppig zur Sache ging. Obwohl ich von meinem großen Bruder dafür sogar mal eine Ohrfeige einstecken musste, nahm er mich damals doch immer wieder vor den anderen in Schutz.

Über Onkel Kurt kam er dann bald in die Schülermannschaft von Lok Halberstadt. Natürlich schaute sich Vater auch gerne mal ein Spiel an, dagegen war aber Onkel Kurt bei Lok eine richtige Fußballgröße. In seiner aktiven Zeit als Mittelfeldspieler war er der Kopf der Mannschaft. Später dann, nachdem er die „Töppen" an den Nagel gehängt hatte, trainierte er die erste Männer-Elf von Lok Halberstadt. Aber er betreute auch den Nachwuchs, weil sich kein anderer dafür fand, Onkel Kurt aber besonderes Interesse daran hatte.

Auf Diethard, dessen spielerisches Talent er sehr schnell erkannt hatte, war er natürlich sehr stolz. Er baute ihn als Abwehrspieler in die Schülermannschaft ein. Eines Tages fragte ihn Onkel Kurt, ob er mich nicht mal zum Training mitbringen wolle. So kam es dann auch. Kurz danach meldete ich mich bei Lok Halberstadt erstmals zum Training.

Ich im Alter von zwei Jahren

Mein erstes Leder

Gerne denke ich an die ersten Schritte meiner Fußballer-Laufbahn zurück. Wir Kinder aus dem Wohngebiet Florian-Geyer-Straße in Halberstadt bolzten immer auf der Straße. Ein Pfiff genügte, dann kamen alle zusammen und es ging los. Oft war nur die Dunkelheit der Grund, weshalb wir Schluss machen mussten. An „Fußball-Töppen" oder an einen richtigen Ball war damals ja überhaupt noch nicht zu denken. Da mussten schon mal meine besten Schuhe herhalten. Wenn dann am anderen Tag jemand mal nicht zum Bolzen kam, wussten wir, dass es zu Hause wohl Ärger gegeben haben musste. Das traf jeden mal.

Besonders meinen siebenten Geburtstag werde ich nie vergessen. Da bekam ich von meinen Eltern tatsächlich einen echten Fußball geschenkt Ich war überglücklich und mächtig stolz, dass ich als Erster in unserer Straße ein echtes Leder besaß. Der Jubel war riesig, als ich den Ball gleich danach meinen Freunden zeigte. Davon hatten wir alle ja schon so lange geträumt. An diesem Nachmittag fanden sich Mutter und Vater allein am Kaffeetisch wieder. Sie wussten aber sicher, dass sie mir ein schöneres Geschenk nicht hätten machen können. Immer wenn ich abends vom Bolzplatz nach Hause kam, hegte und pflegte ich meinen Ball liebevoll, befreite ihn vom Schlamm und schmierte ihn ordentlich mit Lederfett ein, damit er am nächsten Nachmittag wieder so glänzte, als wäre er immer noch neu. Meine grenzenlose Liebe zu dem runden Leder veranlasste Mutter öfter leicht lächelnd zu der Bemerkung: „Wenn du deine Schulsachen mal so ordentlich behandeln würdest, wie deinen Ball!"

Über die vielen Jahre, ich spielte schon längst beim 1.FC Magdeburg und in der Nationalelf gegen renommierte Mannschaften Europas, geriet mein erster Lederball nach und nach in Vergessenheit. Noch viel später, als ich einmal die Eltern besuchte, entdeckte ich ihn zufällig in der Gartenlaube wieder. Mein erster Ball, der Ball der Jungen aus der Florian-Geyer-Straße, lag da zwischen Spaten und Schaufeln und war natürlich ziemlich eingestaubt. Schnell kamen die vielen guten Erinnerungen an meine Kindheit wieder zurück. Ich freute mich sehr über meinen zufälligen glücklichen Fund. Dann passierte das Gleiche wie damals: Ich wischte den Staub wieder ab und fettete ihn intensiv ein. Luft brauchte ich aber nicht aufzupumpen. Die war von damals noch drauf. Seither gebe ich meinen ersten Lederball nicht mehr aus der Hand. Er hat heute einen Ehrenplatz in meinem Haus in Bad Vilbel.

Gerne denke ich heute noch an meine Spielkameraden aus der Florian-Geyer-Straße zurück.

Onkel Kurt

Irgendwann sagte der einmal zu mir: „Wenn du Lust hast, können wir beide ja auf die Wiese in den Wald gehen und neben deinem Bolzen auf der Straße etwas intensiver deine Technik verbessern!". Natürlich war ich sofort begeistert. Zu Onkel Kurt habe ich immer aufgeschaut. Er war ein Mittelfeldspieler mit ausgezeichneten technischen und taktischen Fähigkeiten gewesen, wofür ihn die Fans von Lok Halberstadt sehr schätzten.
Schon bald fand er, dass für mich die Zeit gekommen sei, in einem Verein zu trainieren. Ich hatte bei dem Gedanken schon etwas Bammel, konnte mir das nicht so richtig vorstellen – die fremden Kinder, des öfteren Training, an den Wochenenden dann die Spiele. Da wollte ich doch lieber bei meinen Freunden auf dem Bolzplatz bleiben. Es dauerte aber nicht wirklich allzu lange, bis ich in die Schülermannschaft von Lok Halberstadt kam. Das schloss aber nicht aus, dass es mich immer wieder zu meinen Kameraden in die Florian-Geyer-Straße zog. Mit ihnen verstand ich mich immer fantastisch. Da war auch keiner, der mit seiner Trillerpfeife einfach das Spiel unterbrach, um zu erklären, was ich jetzt gerade wieder falsch gemacht haben sollte, oder wie man richtig mit dem Ball umgeht. Wir Kinder aus dem Wohngebiet spielten sowieso den besten Fußball, da brauchten wir keinen Oberlehrer, der uns erst zeigen musste, wie man einen Ball stoppt. Dass ich mich in diesen Belangen tatsächlich im Zwiespalt befand, bekam Onkel Kurt recht schnell mit, aber mit Geschick schaffte er es letztendlich doch, dass ich mich auf Lok konzentrierte.
Mein Lieblingsspieler war damals der Mittelstürmer Uwe Seeler. Der spielte beim Hamburger SV. Einmal nahm mich Onkel Kurt nach dem Training beiseite: „Jürgen, du bist schon ein guter Fußballer. Aber wenn du einmal so werden möchtest wie Uwe Seeler, dann müssen wir noch extra trainieren. Wenn du willst, zeige ich dir noch ein paar Tricks!" Klar wollte ich. Wir gingen also auf eine Wiese am nahen Wald und begannen mit dem individuellen Techniktraining. „Du musst als Fußballer beidseitig schießen können, so wie Uwe Seeler, der schießt rechts wie links!" Das machte mir schon einige Schwierigkeiten. Meistens schoss ich ja mit rechts. „Du kriegst das hin. Aber du musst dafür immer wieder üben, üben, üben!" Onkel Kurt hatte meinen Ehrgeiz geweckt. Ich wollte unbedingt einmal genau so gut wie Uwe Seeler spielen. Von da an begann ich zu Hause selbständig auf dem Hof nach seinen Ratschlägen und mit Hilfe meines Bruders zu üben und mich weiter zu entwickeln. Ich war nicht unbedingt ein technisches Talent und trainierte hart dafür. Wenn ich meine selbst gestellten Trainingsziele erreicht hatte, machte mich das immer sehr stolz. An unserem Wohnhaus in der Florian-Geyer-Straße gab es eine alte Mauer. An der übte ich das Spiel mit rechts und links. Nach der Schule oder nach dem offiziellen Training stand ich oft vor ihr, schoss sie an, nahm den zurück springenden Ball wieder auf, schoss erneut, immer wieder. Diethard machte auch dabei mit. Oft gab er mir gute Ratschläge. Natürlich ging das immer wiederkehrende, monotone Geknalle einigen Nachbarn mächtig auf die Nerven. „Aufhören!" riefen sie, „Wisst ihr denn nicht, wie spät es schon ist?" Wir überhörten die immer stärker werdenden Schimpfattacken der Leute einfach.

Dann beendete oft erst ein Machtwort unserer Mutter die „Sonder-Technik-Einheiten". Sie wollte natürlich keinen Streit. Doch schon am nächsten Tag ging es wieder an die Mauer. Bei einem Training der Schülermannschaft bemerkte auch Onkel Kurt, dass ich wohl jeden Tag geübt haben musste. „Man sieht das!", freute er sich. Ein schöneres Lob hätte es für mich in diesem Moment wirklich gar nicht geben können. Es stachelte meinen Ehrgeiz noch mehr an. Bald nahm ich dann alle Bälle wirklich rechts wie links.

Oma Else

Noch heute denke ich oft gerne an meine liebe Großmutter zurück. Meine Begeisterung in einer Mannschaft zu spielen, Tore zu machen und zu gewinnen, wurde durch Oma Else noch verstärkt. Sie war eine fanatisch begeisterte, man kann schon sagen, positiv verrückte Fußball-Omi. Immer öfter nahm sie mich zu den Punktspielen meines Onkels mit.

Ich erinnere mich da an ein Auswärtsspiel in Thale. Die Spiele gegen Stahl Thale hatten ja schon immer Derby-Charakter. Hätte ich aber damals geahnt, was mich dort erwarten sollte, wäre ich sicher lieber zu Hause geblieben. Das Stadion war an jenem Tag komplett ausverkauft. Viele Halberstädter kamen mit dem Zug und Sonderbussen in die Stahlarbeiter-Stadt zum Spiel. Es herrschte eine Stimmung wie in einem Hexenkessel. Oma Else hatte mich fest an der Hand, und ich staunte nicht schlecht, als sie sich mit mir nicht in den Halberstädter Block, sondern in den der Einheimischen setzte. Also quasi in „die Höhle des Löwen", waren doch die „Stählernen" als euphorische Anhänger ihrer Mannschaft bekannt. Mir wurde richtig flau im Magen. Ich zog an Oma Elses Ärmel: „Wir sind hier doch falsch!". „Nein, wieso!", entgegnete sie, „Hier ist doch richtig was los!". Natürlich feuerte sie ohne Rücksicht auf Verluste die Mannschaft von Onkel Kurt an.

Böse Blicke und bissige Kommentare ließen sie dabei einfach absolut kalt. Allzu fanatischen Fans drohte sie sogar mit ihrem Regenschirm. Als Halberstadt dann auch noch 1:0 in Führung ging, fassten die Thale-Fans Oma Elses Jubel natürlich zwangsläufig als Provokation auf. Mir wurde richtig angst und bange. Das Spiel war für mich gelaufen. Ich schlich mich leise aus dem Stadion. Während sie mir dann später nach dem Spiel sogar noch heftige Vorwürfe machte, weil ich nicht geblieben war, empfand ich eher Erleichterung, denn glücklicherweise hatte sie alles unbeschadet überstanden. Für mich stand jedenfalls hinterher absolut fest: „Mit Oma Else fahre ich nie wieder zu einem Spiel nach Thale!"

In der Schülermannschaft von Lok Halberstadt zu spielen, machte mir immer großen Spaß. Die ganze Woche über konnte ich es kaum erwarten, dass am Wochenende die 1. Männer-Elf ihr Punktspiel machte. Vor den Großen waren stets erst wir Kleinen dran. Die Tore stellte man an den Seitenlinien auf, dann rollte der Ball rollte quer über das Fußballfeld. Klar waren bei diesen Vorspielen immer schon Zuschauer da, die uns gerne zuschauten. Wenn ich mir heute Fotos aus jener Zeit anschaue, muss ich immer etwas schmunzeln. Ich fand das immer toll, vor dem Spiel der 1. Mannschaft und in der Halbzeitpause quer zum Platz zu kicken. Die Ärmel der Trikots waren am Ende dreimal umgeschlagen, damit die Hände hervorgucken konnten. Unsere Hosen ließen gerade einmal so die Knie frei. Bei der riesengroßen Begeisterung auf den Rängen war mir das eigentlich immer alles völlig egal. Den Ball wollte ich und Tore schießen. Klappte das, war der Beifall der Zuschauer wie Musik in meinen Ohren. Bald danach spielte ich nur noch Großfeld-Fußball im regulärem Punktspielbetrieb.

Im Training sprühte ich vor Ehrgeiz, ich wollte am Wochenende unbedingt zu den ersten Elf gehören. Vor jedem Spiel war ich immer wahnsinnig aufgeregt, manchmal so schlimm, dass ich meinen Bruder drängelte, doch bitte mit zum Spiel zu kommen. Der Grund war ganz einfach. Wir hatten zu diesem Zeitpunkt noch keine Spielerpässe und mussten also für das Ausfüllen des Spielberichtsbogens unser Geburtsdatum ansagen. Dumm war, dass ich mir vor Aufregung mein Geburtsdatum nicht merken konnte. Kurz bevor ich dran war, lief ich dann immer vor die Tür und fragte Diethard, wann ich geboren wurde. Das sollte doch in der Kabine keiner merken. Ab und zu hat mich mein Bruder allerdings zappeln lassen. Ich musste dann zu Hause für ihn irgendwas tun, oder ihn einfach in Ruhe lassen, weil ich ihn wohl manchmal doch zur Weißglut gebracht hatte.

Immer nach dem Anpfiff aber gab es für mich kein Herzklopfen mehr. Ich spielte sehr konzentriert und machte mich unbeschwert auf Torjagd. Mein Selbstbewusstsein steigerte sich immer weiter. Ich konnte sogar einmal meinen Vater überreden, mit mir eine Wette einzugehen, bei der ich von vornherein sicher war, dass wir das Spiel hoch gewinnen würden. Abgemacht hatte ich mit ihm, dass ich für jedes geschossene Tor zehn Pfennige bekomme. Für damalige Verhältnisse war das viel Geld, aber Vater ließ sich tatsächlich darauf ein. Wir gewannen aber dann 27:0, und ich schoss 19 Tore. Man kann sich gut vorstellen, dass sich Vaters Gesichtsfarbe während des Spieles von Tor zu Tor immer mehr veränderte, und das im Minutentakt. Kurz vor Spielende hat er dann das Stadion nicht gerade erfreut verlassen. Zu Hause gab er mir sofort, ganz ohne Diskussion, 1,90 Mark.

Mein Freund Jörg Senkbeil und ich (links auf dem Foto)

Unser Halbzeitspiel quer über den Platz (ich, rechts im Bild)

Er wettete nie wieder mit mir, aber dafür dachte er sich etwas anderes aus, wusste doch, wie gern ich mir zu meinem Geburtstag eine Erdbeertorte wünschte, von Mutter gebacken. Etwas Leckereres gab es für mich nicht. „Die Erdbeeren im Garten", so Vater damals, „wachsen besonders gut, wenn man sie ordentlich düngt, am besten mit Pferdemist!" In unserer Straße hatte auch die Müllabfuhr ihr Domizil. Der Unrat wurde damals noch mit Pferdewagen abgeholt, und wenn die Fuhrwerke abends wieder einrückten, ließen sie natürlich einiges zurück. Das bedeutete für mich, mit Eimer und Kehrblech bewaffnet die Pferdeäpfel einsammeln. Was für eine Schmach, denn nebenan bolzten ja meine Freunde! Aber wenn ich zu meinem Geburtstag Anfang Juni eine Erdbeertorte essen wollte, musste für unseren Garten der nötige Mist her. Das war Vaters Lektion! Für jeden vollen Eimer bekam ich zehn Pfennige. Nun weiß wohl jeder, warum ich mich immer so über die 1,90 Mark in 60 Minuten gefreut habe. Ich hätte 19 Eimer Pferdeäpfel sammeln müssen, vier Wochen Straßeneinsatz. Über diese Geschichte haben wir in der Familie noch oft gelacht. Die Erdbeertorte zum Geburtstag ließ jedoch alle Mühen und allen Spott schnell vergessen.

Mit unserer Schülermannschaft von Lok Halberstadt schafften wir es sogar bis zum DDR-Hallenmeisterschaftsturnier in Halle. Ich war damals der jüngste und auch der kleinste Spieler, aber auch der einzige, der für zwei Minuten vom Platz flog. In die Jugendmannschaft, mit der ich 1962 und 1963 die Kreismeisterschaft holte, wuchs ich problemlos rein. Auch die Magdeburger Bezirkstrainer wurden zunehmend auf mich aufmerksam. Sie nominieren mich für die Jugend-Bezirksauswahl, obwohl ich, so schmächtig wie ich war, eigentlich noch in eine Schülermannschaft gehörte. Bezirkstrainer „Atze" Ruddat nahm mich 1964 sogar zum Pfingstturnier aller 15 Bezirksauswahlmannschaften der DDR nach Berlin mit.

Foto links:
Schüler-Hallenmeister
(ich, hockend, 2. v. li.)

Foto rechts:
Kreismeister 1962/63
(ich, stehend, 4. v. li.)

SIEGER - POKAL

Schröter, Schubert, Marzahl, Hoffmann, Klippstein, Kube, Sägler, Rickelt, Spatwasser, Beier, Senkbeil, Gbort, Göthe, Schulz, Ruddat (Trainer), Just, Düben, Heinicke (Betreuer)

Deutschlandtreffen
1964
Bezirks - Jugendauswahl
- Magdeburg -

Der Weg nach Magdeburg

Meine vielen Tore für Lok Halberstadt und für die Magdeburger Bezirksauswahl weckten beim damaligen SC Aufbau Magdeburg wachsendes Interesse. Eines Tages bekamen meine Eltern einen Brief von der Vereinsführung des Fußballclubs. „Die wollen unseren Jungen nach Magdeburg holen.", sagte Vater, nachdem er sich alles durchgelesen hatte. Mutter sah das gelassen: „Der Junge bleibt hier, Magdeburg wird noch eine Zeit warten müssen."
Sie hielt mich für noch zu jung und nicht selbständig genug, aber in Halberstadt hatte ich ja meine Sportkameraden und vor allem meine Christa. Wir waren damals sehr verliebt und jeden Tag zusammen. Ich glaube, meine Eltern hatten nicht im Traum daran gedacht, dass ich kleines Nesthäkchen, gerade 15 Jahre alt, zu diesem frühen Zeitpunkt anders entscheiden würde – weg vom Rockzipfel der Mutter, raus in die Ferne. Noch vor einem Jahr hatte ich mich strikt geweigert, für zwei Wochen ins Ferienlager an die Ostsee zu fahren. Ich heulte damals wie ein Schlosshund, als mich Mutter in den Zug setzte. Und jetzt sollte ausgerechnet ich Knirps das Elternhaus verlassen wollen? Niemals!
Dann aber kamen die Magdeburger – nicht einfache Vereinsangestellte, sondern der Clubvorsitzende Herbert Groth, der Mannschaftsleiter und frühere Mittelfeldspieler der Oberliga-Mannschaft Günter Behne und Kurt Holke, erfolgreichster DDR-Jugendtrainer. Also keine Sprücheklopfer! Die hatten hohe fachliche Qualitäten, strahlten aber auch viel menschliche Wärme aus. Schnell beseitigten sie die Vorurteile und Sorgen meiner Eltern. Ich saß still am Tisch und hörte genau zu. Mutter und Vater interessierte vor allem, wie es mit mir in der Schule und der nachfolgenden Lehre weitergehen sollte. Fußball allein, das konnte es ja nicht sein. Schule und Berufsausbildung standen für sie immer an erster Stelle. Die Magdeburger waren natürlich gut auf solche Fragen vorbereitet und gaben ausführliche Antworten. Mich beeindruckte damals besonders, wie mir mein zukünftiger Trainer die sportliche Perspektive aufzeichnete. Er machte mir klar, warum dieser Wechsel bereits jetzt für meine sportliche Entwicklung so wichtig war. Das alles klang für mich sehr überzeugend. Kurt Holke meinte: „Jürgen ist eines der größten Fußball-Talente, die ich in meiner Zeit als Trainer bisher gesehen habe. Wenn er sich sportlich weiter entwickeln will, muss er mit den besten Fußballern aus dem Bezirk Magdeburg in einer Mannschaft spielen. In Halberstadt ist er der Beste, in Magdeburg wird er einer der Besten sein. Gerade weil er noch so jung ist, wird ihn ein Wechsel nach Magdeburg sportlich weiterbringen." Günter Behne lobte das Club-Internat: „Dort herrscht eine sehr familiäre Atmosphäre. Es ist immer jemand für die Jungen da, wenn sie einmal ein Problem haben." Meine Eltern beruhigte das, schließlich war ich ihr Jüngster und doch immer noch so eine Art Muttersöhnchen. Vater schaute mich an und fragte: „Na, mein Junge, was hältst du davon?" Meine spontane Antwort war: „Ich mache es." Ich glaube, beide waren wohl danach ziemlich erschrocken. Als alle aufgestanden waren und sich verabschiedeten, stellte Vater doch noch eine Bedingung: „Nach der Schule soll mein Sohn eine Lehre als Rundfunk- und Fernsehmechaniker machen." Darüber hatte er mit mir schon oft geredet.

„Das ist ein Zukunftsberuf!", sagte er immer. „In ein paar Jahren wird es auch Farbfernsehen geben!" Herbert Groth versprach, sich natürlich darum zu kümmern, was für ihn damals sicher keine leichte Aufgabe war, denn bisher hatten ja alle Sportschüler eine Ausbildung im Schwermaschinenbau-Kombinat, dem Trägerbetrieb des SC Aufbau Magdeburg, aufgenommen.

Als die Männer dann weg waren, mussten meine Eltern erst einmal alles verarbeiten. Ich glaube, Mutter hatte arg damit zu tun, ihre Tränen zu verbergen. Allmählich löste sich jedoch die Anspannung, und wir redeten über die Zukunft. „Was wird denn deine Freundin dazu sagen?", fragte sie mich. Ich hatte mit Christa, die selbst Schülerin an der Kinder- und Jugendsportschule in Halberstadt war, aber schon vorher gesprochen. Sie wusste also, dass in der nächsten Zeit unsere Freundschaft auf dem Prüfstand stehen würde, aber wir hatten uns damals geschworen: „Wir bleiben zusammen!". Das gilt übrigens noch heute! Mein Bruder war zu diesem Zeitpunkt bei der Marine auf See. Auch er fand meine Entscheidung richtig, als er später davon hörte.

Eine Woche darauf fuhr ich dann nach Magdeburg. Günter Behne und Kurt Holke holten mich vom Bahnhof ab. Sie zeigten mir das Internat, die Kinder- und Jugendsportschule und die Trainingsplätze.

Meine ehemalige Klasse an der Friedensschule Halberstadt (ich ganz links)

Das Internat befand sich in der obersten Etage des Gewerkschaftshotels in Magdeburg. Gleich vorn am Flur wohnte mein zukünftiger Mannschaftskamerad und Kapitän der Juniorenmannschaft Manfred Zapf. Der war vor zwei Jahren aus Stapelburg nach Magdeburg gekommen – ein Ort, der nicht weit von Halberstadt entfernt liegt. Günter Behne klopfte an die Tür. Als aber keiner antwortete, machte er sie einfach auf. Zu seiner Überraschung lag „Zappel" mit freiem Oberkörper, nur mit Strümpfen und Turnhose bekleidet, auf dem Bett und schlief. Schnell machte Günter Behne die Tür wieder zu, ich sollte ja keinen schlechten Eindruck von meinem zukünftigen Kapitän bekommen. Ich hatte aber längst einen Blick in das Zimmer geworfen und später mit ihm noch oft darüber gelacht. Abends fuhr ich dann nach Halberstadt zurück. Mutter und Vater waren natürlich schon gespannt, was ich zu berichten hatte. Die Eindrücke sprudelten nur so aus mir heraus. Da spürten sie wohl sicher, dass mich von meinem Entschluss keiner mehr abbringen konnte. Die väterliche Art von Günter Behne und Kurt Holke befreite mich von allen Zweifeln. Mein neues Ziel hieß Magdeburg!

Nach der 9. Klasse ging ich dann von Halberstadt weg. Das fiel mir allerdings nicht so leicht, wie eigentlich gedacht. Es war schon eine gewisse Wehmut dabei. Ich denke da an den Abschied von meinen Mitschülern aus der Friedensschule, mit denen ich schließlich von der ersten Klasse an zusammen gewesen war, oder von Hannelore Strauch, dem einzigen Mädchen in der Truppe vom Bolzplatz. Das alles war mir natürlich nicht einerlei. „Wohin führt uns das Schicksal? Werden wir uns eines Tages vielleicht wieder über den Weg laufen?" Das frage ich mich auch heute noch oft. Am schwersten fiel mir damals jedoch der Abschied von meinen Sportkameraden und Trainern der BSG Lok. Seit mich Diethard und Onkel Kurt in den Verein holten, hatte ich viel von ihrer Fußball-Philosophie gelernt und war gewissermaßen zu einem Führungsspieler in der Jugendmannschaft geworden. Als mir dann mein erster Betreuer aus der Schülermannschaft, Herr Pieper, die Hand schüttelte und mit einem „Du wirst das schon machen!" freundschaftlich auf die Schulter klopfte, bekam ich eine richtige Gänsehaut.

Letztendlich war ich Nutznießer dessen geworden, was mein Onkel Kurt mit seinen Mitstreitern Wolfgang Mohnhaupt, Heinz Müller und Ernst Ehrig aufgebaut hatte. Nach ihrer aktiven Zeit gründeten sie mit dem Trainingsstützpunkt im Kreis Halberstadt der allerersten in der DDR. Hier wurden die besten Spieler aus den umliegenden Sportvereinen des Kreises einmal in der Woche zu einem Sondertraining eingeladen. Die überall im Bezirk Magdeburg ins Leben gerufenen Trainingsstützpunkte wurden dann später zu sicheren Garanten für die Erfolge des 1. FC Magdeburg. Man stelle sich einmal vor: Aus einem Einzugsgebiet von nur 50 Kilometern um Magdeburg kamen all jene Spieler, die später 1974 gegen den AC Mailand nach einem 2:0-Sieg den Europapokal der Pokalsieger an die Elbe holten. Heute wäre so etwas undenkbar!

Die heutigen Trainingsstützpunkte in Deutschland sind also keine Erfindung des DFB. Ihre Wurzeln reichen bis in das Jahr 1956 nach Halberstadt! Das Gleiche trifft übrigens auch auf die Eliteschulen des DFB zu. Deren Vorläufer waren die KJS (Kinder - und Jugendsportschulen) in der DDR. Man hat ihnen einfach nur einen anderen Namen verpasst!

Verliebt! Meine Christa und ich mit 15 Jahren

Angekommen

Natürlich war ich voller Neugier auf das, was mich in Magdeburg erwarten würde. Mit Christa hatte ich in den Ferien viel über unsere gemeinsame Zukunft geredet. Sie machte mir viel Mut: „Wir schaffen das schon!". Im Magdeburger Internat teilte ich mit Reinhard Geschke ein Zimmer. Wir kannten uns bereits aus Halberstadt und dem Stützpunkttraining von Onkel Kurt.
In Halberstadt waren wir noch Gegner. Ich war bei Lok, und Reinhard Geschke spielte mit Lutz Lindemann bei Aufbau. In den Derbys schenkten wir uns seinerzeit nichts. Das war jedoch vergessen, wenn wir uns zum gemeinsamen Training im Fußballstützpunkt von Halberstadt oder zum Spiel in der Magdeburger Bezirksauswahl trafen. Jetzt waren wir also in einer Mannschaft. Reinhard Geschke war körperlich schon weiter entwickelt, ich noch ein schmächtiger Junge. Er war robuster und kopfballstärker, ich eher technisch versierter. Wir spielten jetzt beide im Sturm, waren also vom ersten Tag an Konkurrenten in Magdeburg. Das war in der Jugend- und Juniorenmannschaft so, auch später in der Oberligamannschaft des 1.FC Magdeburg. Aber vom ersten Tage an waren wir auch gute Freunde, wie es sie in der Fußballwelt von heute leider nur noch sehr selten gibt.
Von den anderen Spielern der Juniorenmannschaft wurden wir sofort gut aufgenommen. Einen großen Anteil daran hatten Mannschaftskapitän Manfred Zapf und Wolfgang Seguin. Auch die waren keine Magdeburger. Wolfgang Seguin, den alle „Paule" nannten, kam aus dem nahe gelegenen Burg. Wir vier verstanden uns nicht nur auf dem Platz prächtig, wir waren auch in der Freizeit viel zusammen.

Nach 45 Jahren – Reinhard Geschke wird 60,
v. li. n. re.: Zapf („Zappel"), Geschke („Tamango"), ich („Spary"), Seguin („Paule").

Das war gerade für uns Neue sehr wichtig. Ich war ja eher schüchtern. Fußballerisch, das spürte ich schon beim ersten Training, konnte ich mit den gestandenen Spielern durchaus mithalten. Ich erinnere mich noch ganz genau an mein mulmiges Gefühl, wenn einige ältere Spieler den Versuch unternahmen, die jüngeren ins Abseits zu stellen. Dann ernteten sie drohende Blicke von „Zappel", dem Kapitän. Der war die uneingeschränkte Respektsperson, schon bei den Junioren und später auch in der so erfolgreichen Männermannschaft. Er und „Paule" Seguin erkannten schon nach wenigen Wochen mein fußballerisches Talent. Keiner ahnte aber damals, dass mein neuer Trainer Kurt Holke zehn Jahre später in Hamburg bei der Fußballweltmeisterschaft als Assistent von Nationalcoach Georg Buschner auf der Bank sitzen würde, während und ich, seine Entdeckung, ein ganz entscheidendes Tor erziele.

Zum nächsten Training stellte mir Kurt Holke das Ehepaar Sandvoß vor. Das war seit Jahren schon Mutter- und Vater-Ersatz für alle Jungen. Die beiden strahlten vom ersten Augenblick an Wärme aus und gaben auch mir das Gefühl, es könnten meine zweiten Eltern sein, was dann ja auch zutraf. Wir konnten stets mit jedem Problem zu ihnen kommen. Noch heute frage ich mich, was wohl aus mir und den anderen geworden wäre, hätte es Mutter und Vater Sandvoß nicht gegeben. Sie gehörten gewissermaßen zum Inventar des SC Aufbau Magdeburg. Oft lud Mutter Sandvoß zwei oder drei von uns zu Kaffee und Kuchen ein, weil wir an jenem Wochenende nicht nach Hause fahren konnten. Natürlich durften wir danach nicht gleich gehen und mussten noch zum Abendbrot bleiben. Wir fühlten uns wie zu Hause. Wir 15 und 16 Jahre alten Jungs verspürten kein Heimweh.

Meine Klasse an der KJS in Magdeburg (ich, 2. v. li., oben)

DDR-Juniorenmeister 1965

Mutter Sandvoß hatte zu den Spielen immer ihre Arzt-Tasche mit dabei. Sie war unsere Masseuse und Krankenschwester in einem, bei Niederlagen auch mal Seelsorgerin. Auch ich profitierte davon. Dann konnte ich sogar einem verlorenen Spiel immer auch etwas Positives abgewinnen. „Junge, davon geht die Welt nicht unter!", war einer ihrer Sätze, bevor sie sich dann gleich dem für sie vermeintlich Wichtigerem widmete. „Hauptsache, deine Wadenprellung ist bis zum nächsten Spiel abgeklungen!" Das war ihre Art, Spiele auszuwerten – nicht selten wirkungsvoller, als das Aufzählen verlorener Zweikämpfe, die zum Sieg der anderen Mannschaft führten. Gerade für mich kamen Niederlagen ja oft beinahe einer Katastrophe gleich. Da wirkte die Sandvoß-Methode beruhigend wie Baldriantropfen. Verletzte sich einer, litt niemand im Inneren stärker als Mutter Sandvoß. Unvergessen bleibt mir folgende Episode: Während eines Meisterschaftsspieles im heimischen Ernst-Grube-Stadion hatte sie gerade auf dem Spielfeld einen verletzten Mannschaftskameraden gepflegt und war wieder auf dem Weg zur Ersatzbank. Da lag schon der nächste Spieler von uns am Boden. Mutter Sandvoß sah das mit Schrecken, wollte sofort wieder losrennen. Aber sie stand hinter der gut einen Meter hohen Platzbarriere und hatte einen Rock an. Da kannte sie nichts! Sie zog den Rock bis zur Hüfte hoch und machte eine Fechterflanke über die Barriere. Noch im Laufen streifte sie ihren Rock wieder herunter und kniete nach wenigen Augenblicken neben dem Verletzten. Im voll besetzten Stadion raunte alles, doch Mutter Sandvoß war das egal. Hauptsache, der verletzte Spieler stand bald wieder auf den Beinen.
In meiner Klasse an der Kinder- und Jugend-Sportschule war ich der einzige Fußballer, was ich aber nicht als einen Nachteil empfand. Besonders mit den Leichtathleten verstand ich mich gut und tauschte mich über verschiedene Trainingsmethoden mit ihnen aus. Ich hatte also viele gute Freunde, in der Schule lief es gut, sportlich ebenso. Bereits in meinem ersten Jahr gewannen wir mit dem SC Aufbau Magdeburg wieder die DDR-Meisterschaft bei den Junioren. Ich war der Jüngste in der Mannschaft. Noch zwei Jahre zuvor, am 7. Juli 1963, hatten sich in Halberstadt der SC Aufbau Magdeburg und der SC Chemie Halle im Endspiel gegenüber gestanden. Die Magdeburger um Kapitän Manfred Zapf gewannen damals die Meisterschaft mit einem 2:0, während ich noch auf der Tribüne saß, gerade mal 15 Jahre alt. Nie hätte ich nur einen Gedanken daran verloren, dass ich auch bald in dieser Meister-Elf mitspielen würde.
Die Prüfungen der zehnten Klasse hatte ich erfolgreich bestanden. Nun begann ich, wie es sich Vater gewünscht hatte, in Magdeburg die Ausbildung zum Rundfunk- und Fernsehmechaniker. Aber schon nach einigen Monaten stellte sich heraus, dass sich Training und Ausbildung nicht so recht vereinbaren ließen. Die anderen lernten im Schwermaschinenbau-Kombinat SKET in Magdeburg. Da gab es eine Rahmenvereinbarung mit dem Verein, wonach sie zum Training und zu den Spielen freigestellt werden konnten. Natürlich konnte sich kein kleiner Handwerksbetrieb, in so einem hatte ich meine Lehre begonnen, auf so etwas einlassen. Mein Meister brauchte mich als Lehrling, auch um seine Aufgaben in der Firma erfüllen zu können. Von Fußball hielt er ohnehin nicht viel. Das bedrückte mich sehr. Die Trainer rieten mir deshalb zum Wechsel in das SKET, um ebenfalls

Maschinenbauer zu lernen. Das war die erste schwierige Entscheidung in meinem Leben, die ich noch dazu ohne meine Eltern treffen musste. Obendrein musste ich sie dann auch noch informieren. Anrufen konnte ich nicht, wir hatten in Halberstadt kein Telefon. Ich war da schon gehörig im Zwiespalt. Auf jeden Fall war ich aber jetzt auch am Vormittag mit Manne Zapf, „Paule" Seguin und Reinhard Geschke zusammen, und wir erlernten gemeinsam den Beruf des Maschinenbauers. Beim nächsten Besuch in Halberstadt zögerte ich dann lange, bis ich Mutter und Vater meinen Ausbildungswechsel berichtete. Kurz vor der Abfahrt nach Magdeburg nahm ich allen Mut zusammen und erzählte es ihnen. Eine Last fiel von der Seele, als Vater dann zu mir sagte: „Das hast du richtig gemacht, mein Junge."

Die ersten Monate in Magdeburg waren vorüber, aber ich verspürte nicht mal den Ansatz von Heimweh, wie noch vor knapp zwei Jahren im Ferienlager an der Ostsee. Ich fühlte mich wohl. In der Schule hatte ich mich gut eingelebt, das tägliche Training machte mir viel Spaß. Mit Reinhard Geschke („Tamango"), Wolfgang Seguin („Paule") und Manfred Zapf („Zappel") war ich zwar altersmäßig ein bisschen auseinander, aber wir lagen gedanklich und charakterlich ganz auf einer Wellenlänge. Im Laufe der Zeit merkte ich auch, dass mich das Training mit meinen Kameraden in meiner persönlichen und sportlichen Entwicklung immer weiter voran brachte.

Wir drei waren auch für manchen Streich zu haben. Nach einem anstrengenden Wochenende schauten wir uns schon mal an, und jeder wusste, was der andere dachte: Keine Lust auf die Drehbank im SKET. Die Straßenbahn näherte sich dem Hasselbachplatz, und Reinhard gab ein allen bekanntes Kommando aus: „Dienstlichen!". Dann wussten wir Bescheid. Es ging mit der nächsten Bahn zurück ins Internat. Dort schlichen wir uns am Pförtner vorbei und lagen wenig später wieder in unseren Betten. Aber dann bekamen wir doch ein schlechtes Gewissen. Die Lehrausbilder informierten ja regelmäßig unsere Trainer und den Schuldirektor über die Anwesenheit und unsere Leistungen. Da hatte Reinhard plötzlich eine Idee: „Wir lassen uns röntgen. Das steht sowieso im Gesundheitsplan!" Schon zu Trainingsbeginn in der Umkleidekabine am Nachmittag bemerkten wir sehr schnell, dass der Trainer eine bittere Miene zog. „Ihr wart heute nicht zur Lehre!". „Paule" antwortete für uns alle: „Wir mussten doch heute zum Röntgen, und das Wartezimmer war verdammt voll. Da hat es keinen Sinn gemacht, hinterher noch zur Ausbildung zu gehen." Kurt Holke schaute etwas ungläubig, aber als wir ihm die Röntgenbescheinigung zeigten, war er beruhigt und meinte nur, wir sollten das auch dem Schuldirektor so sagen. Als dann das Training begann, waren wir schnell wieder voll bei der Sache. Irgendwie wirkten wir an diesem Tag viel ausgeruhter als die anderen Spieler.

Das Junioren-UEFA-Turnier 1965

Im Jahr 1964 befand sich die Welt mitten im Kalten Krieg. Die DDR, die sich drei Jahre zuvor eingemauert hatte, wurde vom Westen nicht anerkannt. Auch Fußballer hatten darunter zu leiden. So verweigerte das Westberliner Travel-Office der DDR-Junioren-Nationalmannschaft einen Tag vor ihrer Abreise zur UEFA-Endrunde in Holland die Visa-Erteilung. Dieses Turnier war gewissermaßen die Europameisterschaft der Junioren. Manfred Zapf und „Paule" Seguin gehörten damals zum Kader.

Ein Jahr später, im April 1965, sollte nun das Turnier von der BRD ausgerichtet werden. Diesmal wollte die DDR unbedingt dabei sein. Eine erneute Ausbootung konnten sich die Gastgeber aus politischen Gründen sicher nicht leisten, und in der BRD wollte die DDR natürlich auch sportlich gut aussehen. Also organisierten die Juniorenauswahl-Trainer Harald Seeger und Manfred Pfeifer mehrere Lehrgänge, um Talente zu sichten und sie in den erweiterten Kreis der Junioren-Nationalmannschaft aufzunehmen. Einer dieser Lehrgänge fand in der Sportschule in Güstrow statt. Ich, gerade erst 16 Jahre alt, wurde auch eingeladen. Allerdings hatte ich zuerst überhaupt keine Lust dorthin zufahren. Bloß gut, dass ich es dann doch noch gemacht habe. Es sollte ausschlaggebend für meine weitere sportliche Laufbahn sein. Mit mir waren 60 bis 80 Spieler aus dem ganzen Land angereist. Die Trainer des DFV beobachteten alle Kandidaten. Dann teilten sie uns nach ihrer Einschätzung in vier Leistungsmannschaften, A, B, C und D, ein. Am Ende des Lehrganges fand ein Turnier statt. Ich spielte in der C-Mannschaft. Das bedeutete normalerweise, dass ich nicht dabei war. Doch dann kam alles anders. Im Spiel der als schwächer eingestuften Mannschaften, C gegen D, stand es zur Halbzeit 2:0. Beide Tore konnte ich erzielen. Parallel auf einem anderen Platz spielten die stärker eingeschätzten Mannschaften A gegen B. Hier verletzte sich der Mittelstürmer aus dem starken A-Team. Da holten mich die Trainer aus der C-Mannschaft und wechselten mich in das A-Team ein. Ich spielte gut und wurde nach der Auswertung des Lehrganges in den Kader berufen, der sich auf das UEFA-Juniorenturnier 1965 vorbereitete. Das war mein entscheidender Schritt auf dem Weg zum Junioren-Nationalspieler.

Auch im Verein feierten wir Erfolge. 1965 wurden wir DDR-Juniorenmeister. Ich hatte es damals für blanke Utopie gehalten, innerhalb eines Jahres sportlich all das zu erreichen, was in diesem Alter überhaupt möglich war. Nach Güstrow folgten dann weitere Lehrgänge und Auswahlspiele. Ich war immer dabei, entwickelte mich weiter, von Lehrgang zu Lehrgang, von Spiel zu Spiel, näher an die Stammformation heran. Es machte mir Spaß, in der Auswahl zu spielen, und es war auch völlig bedeutungslos, dass ich ein Jahr jünger als die meisten anderen Spieler war. Wie schon in Magdeburg, schaffte ich das Gleiche auch in der Auswahl. Ich sollte also dabei sein, wenn im April 1965 die besten Juniorenmannschaften Europas um den Titel spielten. Aus sportlicher Sicht gab es keine Zweifel mehr. Allerdings bereiteten meine Laktatwerte den Sportärzten einige Sorgen. Während eines Lehrganges entdeckte man da Unregelmäßigkeiten. Nach einer hohen Trainingsbelastung bewegten sich die Werte im Normalbereich.

Bei nachfolgender Ruhe hätten sie aber eigentlich sinken müssen. In meinem Fall blieben sie jedoch immer noch lange sehr hoch. Das konnte sich keiner erklären. In Magdeburg musste ich dann vier Wochen lang täglich in die Sportmedizin zur regelmäßigen Blut- und Urin-Untersuchung. Dann kam aber endlich die Entwarnung, obwohl das Problem mit den Laktatwerten weiter bestehen blieb und nicht wirklich geklärt werden konnte. Es sollte in meiner weiteren Laufbahn leider noch eine sehr schicksalhafte Rolle spielen.

Jetzt aber, hier und heute, bereitete ich mich auf die Junioren-Europameisterschaft vor. Unsere Trainer Harald Seeger und Manfred Pfeifer bewiesen viel pädagogisches Geschick, uns optimal darauf einzustimmen. Schließlich kamen wir alle aus unterschiedlichen Vereinen, und unter uns Heranwachsenden wirkten diese Rivalitäten aus den Meisterschaftsspielen nicht selten auch noch in der Auswahl nach. Neben den Trainern waren es vor allem zwei Spieler, mit denen ich mich schon in Güstrow angefreundet hatte. Das waren der Torhüter Jürgen Croy aus Zwickau und der Stürmer Hans-Jürgen Kreische aus Dresden. Mit den beiden hatte ich rückblickend auch in den flogenden Jahren eine sehr schöne Zeit in der Auswahl. Sie wird mir schon allein deshalb unvergesslich bleiben, weil sie sehr erfolgreich war – ob nun beim UEFA-Junioren-Turnier 1965, bei den Olympischen Spielen in München 1972 oder bei der Weltmeisterschaft 1974.

Nach der Qualifikation für das UEFA-Turnier erwischten wir ein schweres Los mit Portugal und Österreich in einer Gruppe. Nur der Sieger sollte sich für das Viertelfinale qualifizieren. Gegen Österreich waren wir bereits vor dem Turnier in Magdeburg angetreten. Wir gewannen damals 2:0 – eine lösbare Aufgabe also.

Letzte taktische Hinweise vor dem Endspiel gegen England von Trainer Harald Seeger

Aber Portugal galt damals als einer der großen Favoriten auf den Turniersieg, denn die Jugendarbeit dort war beispielhaft. Nicht nur die beiden Vereine aus der Hauptstadt, Benfica und Sporting Lissabon spielten in den europäischen Cup-Wettbewerben erfolgreich mit. Die Nationalmannschaft mit dem großartigen Halbstürmer Eusebio sollte ein Jahr später bei der Weltmeisterschaft erst im Halbfinale an dem späteren Weltmeister England scheitern. Die Portugiesen waren gleich im ersten Gruppenspiel in Schwenningen unser Gegner. Doch zur großen Überraschung aller lagen wir schnell mit 2:0 in Führung. Der Jenaer Rainer Schlutter erzielte den ersten Treffer. Wir konnten ihre offensichtliche Nervosität nutzen und machten das 2:0. Den Portugiesen kamen dann noch zum Anschlusstreffer. Weitere Chancen konnte aber Torhüter Jürgen Croy vereiteln.

Im Tor von Portugal stand übrigens Viktor Damas, der später 29 mal für die portugiesische Nationalmannschaft spielte. Diesem großartigen Schlussmann begegnete ich neun Jahre später noch einmal. Das war zu den denkwürdigen Halbfinalspielen um den Europapokal der Pokalsieger meines 1. FC Magdeburg gegen Sporting Lissabon. Als wir uns im Hinspiel wieder sahen, erinnerten wir uns beide schnell wieder an das Junioren-Länderspiel in Schwenningen. Auch in der entscheidenden Rückrunde in Magdeburg trat ich wieder gegen ihn an. Damas ist in Portugal noch heute eine Legende.

Durch den überharten Einsatz eines Holländers wurde ich schwer verletzt.

Nach dem Sieg über Portugal hätte ein weiterer Erfolg über Österreich den Einzug ins Viertelfinale des UEFA-Junioren-Turniers bedeutet. Wir nahmen den Schwung aus dem Portugal-Spiel mit in diese Partie und ließen den Österreichern keine Chance, am Ende hieß es 7:0. Im Viertelfinale warteten jetzt die spielstarken Holländer auf uns. Auch in den Reihen der Oranjes standen Spieler, die nur wenige Jahre später den sensationellen Aufstieg der Niederländer in die Weltspitze mit begründen sollten. Kopf der Mannschaft war der spätere Kapitän der Nationalmannschaft und Star von Ajax Amsterdam und dem FC Barcelona, Johann Cruyff. Doch wir hatten durch den Sieg über Portugal genügend Selbstvertrauen gewonnen, um uns bei der streckenweise überharten Begegnung mit 3:0 durchzusetzen.

Wir standen jetzt im Halbfinale, während die Enttäuschung vieler Fans der Gastgeber-Mannschaft schon recht groß war. Die schied bereits in der Vorrunde aus. Für die BRD spielten damals Leute wie Torhüter Norbert Nigbur und Verteidiger Berti Vogts. Nach dem 2:1-Sieg im Halbfinale gegen die Tschechoslowakei gingen wir als krasser Außenseiter gegen den haushohen Favoriten England ins Finale. Der hatte bereits die Turniere der beiden Vorjahre gewonnen und wollte im Endspiel im Essener Gruga-Stadion den Hattrick perfekt machen. Doch daraus wurde nichts. Nach einem 0:0 zur Pause machte ich unser Führungstor. Der Hallenser Roland Nowotny schoss kurz darauf das 2:0. Dann kamen die Engländer, deren Spieler, wie der Stürmer Peter Osgood, fast alle bereits in Profi-Vereinen spielten. Innerhalb von fünf Minuten erzielten sie den Ausgleich und waren nun drauf und dran, das Spiel zu entscheiden.

Mein Heber zum 1:0 im Endspiel gegen England

Doch dann schloss mein Freund „Hansi" Kreische eine Vorlage von mir zum 3:2 erfolgreich ab. Die Sensation war fast perfekt. Der Schlusspfiff! Wir hatten das Turnier gewonnen! Unser Jubel kannte keine Grenzen. Das waren zwei herrliche Wochen für uns. Nicht nur, weil wir siegreich gewesen waren. Wir wurden von unseren Gastgebern damals überall herzlich aufgenommen. Dann dieser unbeschreibliche Jubel der 23 000 Essener Zuschauer! Wir Spieler spürten nichts von einem Klassenkampf, auf den uns einige Funktionäre ja vorbereitet hatten. Ich muss schmunzeln, wenn ich heute die Zeitungsausschnitte von damals so lese. Da wurde mit solchen Überschriften wie „Zonen-Jungen brachten große Überraschung" und „Sowjetzone gelingt Sensation" getitelt. Allgemein hob die Presse unsere technisch, taktisch gute und überzeugende Spielweise hervor. Eine Zeitung feierte den Sieg über England sogar als einen Sieg für ganz Deutschland. Nur das stundenlange Warten auf den Stempel für den Reisepass im Travel-Office von Westberlin blieb uns in unangenehmer Erinnerung.

Die präzise Flanke auf „Hansi" Kreische, der daraufhin zum 3:2-Sieg gegen England traf

DDR wurde UEFA-Turniersieger

England wurde im Finale 3:2 bezwungen

Durch einen 3:2-(0:0-)Endspielerfolg gegen den Vorjahrssieger England gewann die DDR am Sonntag im Essener Gruga-Stadion vor 23 000 Zuschauern das diesjährige UEFA-Turnier der Fußball-Junioren.

Dieser stolze Fußballerfolg unserer Junioren über die englischen Profispieler krönte die während des gesamten Turniers gezeigten Leistungen. Der Magdeburger Sparwasser schoß in der 43. Minute den Führungstreffer. Nowotny erhöhte (57.) auf 2:0 für die DDR. Das Spiel wurde durch die beiden Tore der Engländer noch einmal dramatisch. Bond (62.) und Osgood (66.) waren die Schützen. Der ausgezeichnete Halbstürmer Kreische machte den DDR-Triumph durch den Siegestreffer in der 68. Minute komplett. Die Jungen wurden den Zuschauern in Essen begeistert gefeiert, weil sie die favorisierten Engländer mit Kampfgeist und spielerischem Witz besiegt.

Der großartige Erfolg der DDR-Fußballjunioren im UEFA-Turnier wird auch von der Westpresse uneingeschränkt gewürdigt. „In der Art, in der König Fußball einst die Welt eroberte, ließen sie den Ball immer wieder in das Feld des Gegners fliegen und rollen; sie ruhten nicht, bis sie ihn aufs Tor geschossen hatten", bemerkt **„Die Welt"** am Montag zum Spiel der DDR-Junioren. Die Zeitung fährt dann fort: „Und wie sie schossen! Hans Kreische, der Sohn des berühmten Dresdner Sportklub-Stürmers von einst, erkannte Chancen, die Konietzka und Strehl am Tage zuvor beim Länderspiel gegen Zypern ungenutzt verstreichen ließen. **Jürgen Sparwasser**, in Magdeburg geboren und in Berlin geschult, narrte die englischen Verteidiger, bis sie endlich auch überlistet hatte." Zuvor hatte „Die Welt" die seit Jahr und Tag den DDR-Sport verleumdet, den Pokalgewinn der DDR-Fußballjunioren als einen Sieg „für ganz Deutschland" gefeiert.

Unter der Überschrift „Sensationelles Finale des UEFA-Turniers" schreibt die **„Nacht-Depesche"**: „Das hat niemand erwartet! Die Fußballjugend der Sowjetzone (gemeint ist die DDR) schlug im Endspiel des 18. UEFA-Turniers den Titelverteidiger England vor 23 000 begeistert mitgehenden Zuschauern im Essener Gruga-Stadion verdient mit 3:2 (0:0) und gewann damit ein erstes Mal diesen Wettbewerb." Das Blatt schätzt das Endspiel als „hochklassig" und als „stets fair" ein. Selbst die Westberliner „BZ" berichtet ausführlich über den Sieg der DDR-Mannschaft. Dagegen wird vom Spiel der westdeutschen Vertretung um den fünften Platz gegen Ungarn nur das Ergebnis gebracht.

Unter den Überschriften „Zonen-Jungen (gemeint sind DDR-Jungen) brachten große Überraschung", „23 000 Zuschauer sahen herrliches UEFA-Finale...", „Kein Hat-trick für England" und „Systemvoller Aufbau" würdigt die **Düsseldorfer Sportagentur SID** den hervorragenden Erfolg der DDR-Junioren, deren bisher bestes Ergebnis bei den UEFA-Turnieren 1959 in Bulgarien der vierte Platz war. In einer Meldung von **Associated Press** heißt es: „Hans-Jürgen Kreische schoß das spielentscheidende dritte Tor zu einem von den Fachleuten nicht erwarteten Erfolg über den großen Favoriten England."

21.4. DDR-Juniorenauswahl – Holland 3 : 0
Wegen Verletzung hat Jürgen nicht mitgespielt
23.4. DDR-Juniorenauswahl – ČSR 2 : 1
25.4. DDR-Juniorenauswahl : England 3 : 2

"Großer Bahnhof" für UEFA-Turniersieger

Wieder daheim! Von links: Kraus, Croy, Sykora, Stein, Benes, Sparwasser und Keische   Foto: ZB

**Nach dem Sieg überglücklich:
Den Pokal in der Hand, meinen Freund Peter Sykora im Arm**

Mit 17 Jahren in DDR-Oberliga

Für mich bedeutete der Sieg im UEFA-Junioren Turnier 1965 und der anschließende Gewinn der DDR-Juniorenmeisterschaft, bei der ich im Endspiel noch einmal ein Tor erzielen konnte, den vorzeitigen Abschied aus der Juniorenmannschaft des SC Aufbau Magdeburg. In dieser Altersklasse nahm ich lediglich noch einmal als Kapitän der Junioren-Nationalmannschaft am UEFA-Turnier 1966 in Jugoslawien teil. Leider schieden wir da aber schon in der Vorrunde aus.

Unsere Trainer in Magdeburg setzen ab 1965 in der Männer-Oberligasaison vor allem auf uns junge Spieler. Einen Vorgeschmack auf das, was mich da erwarten würde, erhielt ich am 8. Mai 1965. Wir standen, wie im Vorjahr, als unsere Männer zum ersten Mal den FDGB-Pokal gewannen, wieder im Finale. Natürlich war ich im Berliner-Ludwig-Jahn Sportpark gegen SC Motor Jena mit dabei. Leider aber nicht als Spieler. Ich saß als einer der erfolgreichen UEFA-Junioren-Spieler aus dem Essener Endspiel gegen England auf der Tribüne. In der Halbzeitpause wurden wir dann auf das Spielfeld gerufen, um uns für den Gewinn des Europameistertitels 1965 in der BRD zu ehren. Doch meine Gedanken waren natürlich beim SC Aufbau Magdeburg. Es war ja noch alles drin. Zur Halbzeit stand es 0:0. Trotzdem wirkte Jena spielbestimmend. Besonders imponierte mir der angriffslustige Mittelstürmer Peter Ducke. Zum Glück war aber unsere Verteidigung überragend. Den linken Verteidiger spielte damals mein alter Sportkamerad und Freund Manfred Zapf, mit dem ich noch vor kurzem die DDR-Juniorenmeisterschaft gewonnen hatte.

DDR-Junioren-Meister-Ehrung 1965, v. re. n. li.: Erich Tenneberg, Reiner Geschke, und ich

Leider passierte es dann doch: Jena ging in Führung. Unser Mittelstürmer, Achim Walter, konnte jedoch kurz vor Spielende wieder ausgleichen. Was nun passieren sollte, war allgemein als „Magdeburger Pokalmentalität" bekannt. Schon einmal, im Pokalendspiel des Vorjahres, lag Magdeburg gegen den SC Lok Leipzig mit 2:0 zurück, aber Hermann Stöcker traf, nach einer dramatischen Aufholjagd in der Nachspielzeit, noch zum 3:2-Sieg.

Auch diesmal wurde es wieder dramatisch. In der letzten Spielminute bekamen wir einen Elfmeter zugesprochen, den Kapitän Günter Hirschmann traumhaft sicher zum 2:1-Endstand verwandelte. Der Pokal blieb wieder bei uns in Magdeburg. In den nachfolgenden Jahren standen wir noch weitere vier Mal im Endspiel um den FDGB-Pokal und verließen den Rasen stets als Sieger. Ich hatte das große Glück, immer dabei zu sein.

Die Feier auf der Rückfahrt von Berlin nach Magdeburg war natürlich sehr ausgelassen. Zu Hause angekommen, traf sich die Mannschaft noch in der Wohnung von Günter Fronzeck, den alle nur „Fischer" nannten. „Zappel" fragte mich, ob ich nicht mitkommen wolle. Ich hatte vor den „alten Hasen" großen Respekt, kannte sie zwar alle, doch so richtigen Kontakt hatten wir noch nicht. Irgendwie gehörte ich ja noch nicht dazu. „Zappel" hatte meine Zurückhaltung schon bemerkt: „Nun komm schon!" sagte er zu mir, klopfte mir dabei auf die Schulter. Also ging ich mit. Bei „Fischer" herrschte eine sehr ausgelassene Stimmung. Zwar waren die Spieler zuerst etwas verdutzt, als sie mich in der Wohnungstür stehen sahen, aber Mannschaftskapitän Günter Hirschmann brach schnell das Schweigen: „Jürgen, komm setz dich zu uns, du hast ja auch allen Grund mitzufeiern!" Da fiel mir jungem Spieler ein Stein vom Herzen.

Ja, es war damals nicht ganz einfach, in diese Truppe zu kommen. Die Herren um „Mücke" Hirschmann, „Pumpel" Kubisch, „Bolle" Retschlag, „Männe" Stöcker, „Kanter" Walter, „Buscher" Busch ,und „Blocher" Blochwitz legten großen Wert darauf, als „Alte" von den Jüngeren respektiert zu werden. Es gab eine gewisse Art von Hierarchie, die sich über die Jahre hinweg herausgebildet hatte. Jeder Neue musste sich also erst den erhofften Respekt erkämpfen. Manfred Zapf und Wolfgang Seguin hatten das schon in ihrer ersten Saison geschafft und sich einen Stammplatz erspielt. Das wollte ich jetzt natürlich auch.

An diesem Abend, in fröhlicher Runde, war noch nicht zu erahnen, dass ich bereits wenige Monate später, mit erst 17 Jahren, mein erstes Punktspiel in der Männer-Oberliga gegen Hansa Rostock bestreiten würde. Mein direkter Gegenspieler sollte übrigens Peter Sykora werden. Er hatte mit mir 1965 in der siegreichen Elf aus dem besagten UEFA-Junioren-Turnier gestanden. Dieses Mal lautete der Endstand 1:1. Ich bekam für mein Debüt gute Kritiken. Trotzdem lief es in dieser Saison für uns leider nicht gut. Zwar waren wir im Europapokal der Pokalsieger nach Erfolgen über Spora Luxemburg und dem Schweizer Pokalsieger FC Sion im Viertelfinale des Europacup, aber in der DDR-Oberliga drohte uns der Abstieg. So musste Trainer „Anti" Kümmel gehen. Sein Nachfolger wurde Günter Weitkuhn.

Unser nächster Gegner im Viertelfinale des Europapokal war West Ham United. Die Briten, als Pokalverteidiger, wollten ihren Triumph aus dem Vorjahr wiederholen. Sie bezwangen damals TSV 1860 München mit 2:0. Wir verloren das Hinspiel trotz guter Aktionen mit 1:0, das Halbfinale war also durchaus noch drin. Das Rückspiel fand am 16. März 1966 im restlos ausverkauften Ernst-Grube-Stadion statt. 35 000 Zuschauer standen hinter uns wie der 12. Mann. Mein Gegenspieler war Bobby Moore, ein echter Sportsmann, eben ein Weltklassespieler. Im englischen Team spielten mit Martin Peters und Geoffrey Hurst zwei weitere Nationalspieler. Sie wurden wenige Monate später mit England Fußballweltmeister, während die BRD bekanntlich nach Verlängerung das unvergessene Endspiel von 1966 im legendären Londoner Wembley-Stadion mit 4:2 verlor.

Hier in Magdeburg stand es erst einmal zur Halbzeit 0:0. In der zweiten Hälfte erhöhten wir den Druck auf West Ham. Nach einer Flanke von mir erzielte Achim Walter in der 77. Minute dann das 1:0. Doch der Pokalverteidiger glich schon eine Minute später wieder aus – 1:1!. Wir hatten in unserem Freudentaumel die Spielordnung noch nicht vollständig wiederhergestellt. Die Briten brachten danach das Unentschieden sehr abgeklärt über die restliche Spielzeit. Es bedeutete für sie: Einzug in das Halbfinale.

Nach dem Aus im Europapokal begann für uns in der Oberliga wieder der alltägliche Abstiegskampf, den wir am Ende tatsächlich auch verloren. Für die neue Saison in der DDR-Liga wurde nun der Hallenser Heinz Krügel verpflichtet. Ein erfahrener Trainer, der schon zwei Jahre die DDR-Nationalmannschaft betreut hatte. Ich hatte schon in meinem ersten Oberliga-Jahr zwei Trainerwechsel und den bitteren Abstieg erleben müssen. Jetzt orientierte ich mich nach Heinz Krügel und spürte bald, dass dieser Mann ein wirklicher Glücksgriff für uns war.

Europapokal-Rückspiel in Magdeburg gegen West Ham United (li.)

am 16.3.1966 in Magdeburg

1. FCM – West Ham

Mittelstürmer Sparwasser vom 1. FC Magdeburg ist eins der hoffnungsvollsten Fußballtalente unserer Republik. Von ihm erwarten die Zuschauer auch beim Europa-Pokalspiel gegen West Ham einiges.

Ein Fallrückzieher von Hermann Stöcker strich knapp am englischen Tor vorbei! Eine der vielen Chancen des 1. FC Magdeburg. Auf unserem Bild erkennen wir von links nach rechts Moore, Stöcker, Sparwasser, Bovington, Brown.

Nach einem großartigen Spiel schied gestern der 1. FC Magdeburg durch ein Unentschieden gegen den Europapokalverteidiger West Ham United aus. So fiel das Magdeburger Tor: Nach einer Flanke von Sparwasser hat Achim Walter (vierter von links) kraftvoll abgeschossen.

Aufn.: Simmering

1. FC Magdeburg ließ Europapokalverteidiger nicht ins Spiel kommen
Unglücklicher Gegentreffer im Freudentaumel

Nur 30 Sekunden währte die Freude. Nach der Bilderbuchkombination und der wunderbaren Flanke von Sparwasser, die Walter überlegt zum 1:0 verwandelte, war der 1. FCM schon mit einem Bein im Halbfinale des Europapokalwettbewerbes der Cup-Sieger.

So traten sie a[n]

West Ham United
      Standen
    Burnett   Burkett
   Bovington Brown Moore
Brabrook Boyce Hurst Peters Siss[on]

1. FC Magdeburg
Stöcker Seguin Walter Sparwasser Kling[berg]
   Hirschmann Kubisch
  Zapf Fronzeck Wiedemann
      Blochwitz

Schiedsrichterkollektiv:
Hr. Loraux, HH. Dufordoir, Mathy (alle Belgien). Zuschauer: 35[000]

Ein prachtvoller Zweikampf zwischen Jürgen Sparwasser und Bobby Moore, festgehalten beim 1:1 des 1. FC Magdeburg am 16. März 1966 gegen den Pokalverteidiger West Ham United. Foto: Kilian

Fußball-Lektionen

Natürlich waren wir Spieler nach dem Abstieg in die DDR-Liga sehr enttäuscht. Heinz Krügel spürte das. Er tat alles dafür, um uns neu zu motivieren: „Niederlagen gehören nun einmal zum Sport. Es kommt nur darauf an, aus ihnen die richtigen Lehren zu ziehen und sehr konzentriert ein neues Ziel ins Auge zu fassen!" Der Trainer machte uns unmissverständlich klar, dass dies der sofortige Wiederaufstieg sein müsse. Heinz Krügel erkannte auch, dass er jetzt die günstige Möglichkeit hatte, unsere Mannschaft zu verjüngen. Tatsächlich kann eine Truppe in der zweiten Liga leichter Leistungsschwankungen verkraften, denen junge Spieler entwicklungsbedingt noch ausgesetzt sind.

So wurde ich, nach Manfred Zapf und Wolfgang Seguin, in dieser Saison zum Stammspieler. Durch meine Leistungen auf dem Platz, oft erzielte ich entscheidende Tore, akzeptierten mich die Älteren nun rückhaltlos. Wir drei ehemaligen Juniorenspieler bildeten schnell eine Achse, die das offensive Spiel unserer Mannschaft prägte – das sehr im Sinne unseres Trainers, der einer solchen Herangehensweise auf dem Rasen immer aufgeschlossen gegenüber stand. Viele kamen in das Ernst-Grube-Stadion, um unseren für die Zuschauer sehr erfrischend wirkenden Fußball zu sehen. Es schien für sie keine Rolle zu spielen, dass wir ja eigentlich nur gegen Zweitliga-Mannschaften antraten. Wegen meiner unbekümmerten Spielweise und den Toren, die ich dadurch machen konnte, wurde ich gewissermaßen sogar zu eine Art Publikumsliebling.

Tor von mir gegen meinen Heimatverein, der BSG Lok Halberstadt

Natürlich freute sich Heinz Krügel über meine gute Entwicklung, aber er wusste auch um die negativen Aspekte, die einen jungen Fußballer beeinflussen können, wenn er bereits so früh schon viel erreicht hat. Nie habe ich in meiner sportlichen Erfolge den Boden unter den Füßen verloren. Letztlich bin ich durch mein Elternhaus zur Bescheidenheit erzogen worden, und auch mein Onkel Kurt zeigte mir schon früh, dass nur Zielstrebigkeit und tägliches, ernsthaftes Training zum Erfolg führen können. Und da gab es ja auch noch meine Christa, die inzwischen auch nach Magdeburg gekommen war. Mit ihr konnte ich alle Probleme des Alltags bereden.

Sportlich lief die Saison für uns damals hervorragend. Am 28. Mai 1967 hatten wir es schon mit einem Unentschieden in der Hand, den sofortigen Wiederaufstieg in die Oberliga perfekt zu machen. Es ging gegen Post Neubrandenburg. Das Ernst-Grube-Stadion war bis auf den letzten Platz gefüllt. Schon in der 14. Minute sorgte Manfred Zapf für unsere Führung. Plötzlich aber wurden wir nervös und fanden nicht mehr in das Spiel. Als die Neubrandenburger eine Viertelstunde vor Schluss dann ausglichen, begann für uns sogar noch das große Zittern. Aber wir brachten das Unentschieden über die Zeit und meldeten uns somit, nach einem Jahr Abwesenheit, zurück in die oberste DDR-Spielklasse. Jetzt stürmten die Fans auf den Rasen, um mit uns den Erfolg zu feiern. Meine Mannschaftskameraden und ich waren sehr glücklich. Nur sehr schwer fanden wir später den Weg zurück in unsere Kabine. Noch dazu wurde ich in dieser Saison Torschützenkönig, mit gerade erst einmal 18 Jahren.

Nicht nur als Kopfballspezialist war unser Kapitän Manfed Zapf erfolgreich.

Der 1. FCM im Park von Singapur während einer Südostasien-Reise

Wieder zurück in der Oberliga, belegten wir als Aufsteiger auf Anhieb den dritten Platz in der Meisterschaft. Ein ganz besonderes Spiel war jenes zu Hause in Magdeburg gegen Jena. Mein Gegenspieler hieß damals Michael Strempel. Ein „Rauhbein", vor dem sich viele Mittelstürmer fürchteten. Wir gingen nach einem 1:0 von mir in die Halbzeit. Als ich auch noch das 2:0 erzielte, nahm der Trainer Georg Buschner Strempel vom Feld. Wir gewannen die Begegnung mit 3:2. Im Jenaer Tor stand damals übrigens Wolfgang Blochwitz, ein ehemaliger Magdeburger. Nach unserem Abstieg hatte er aber den Verein gewechselt und entwickelte sich dort dann später zum Nationalspieler.

Unser dritter Platz im Aufstiegsjahr war damals keine Eintagsfliege. Heinz Krügel hatte der Mannschaft nach dem Aufstieg klare neue Ziele gestellt. „Wir wollen uns nicht nur in der Oberliga halten, wir wollen uns an die Großen aus Dresden, Jena und Leipzig heranpirschen und uns dauerhaft in der Spitzengruppe behaupten!" Die älteren Spieler waren bei dieser Ansage zunächst eher skeptisch, wir jungen aber brannten förmlich darauf, genau das zu schaffen. Schließlich waren Zapf, Seguin und Geschke DDR-Juniorenmeister und ich sogar schon Europameister geworden, warum also sollten wir das nicht auch bei den Männern hinkriegen. Heinz Krügel stärkte unsere „Jugendfraktion" noch mehr, als er Manfred Zapf mit 21 Jahren zum Kapitän machte. Der hatte sich bei den älteren Spielern durch seine sportlichen Leistungen und sein Auftreten außerhalb des Spielfeldes längst viel Respekt und Ansehen erworben.

Unser Trainer konnte sich bei seinen Plänen zur Entwicklung des Fußballs in Magdeburg immer auf die hervorragende Nachwuchsarbeit im Bezirk verlassen. Dort wuchsen viele Talente heran, die später zu uns kamen und in der 1. Männermannschaft spielten. Ich erinnere mich da vor allem an die verdienstvollen Kurt Holke, Otto Müller, Horst Ruddat oder Ernst „Anti" Kümmel, die den jungen Spielern auf dem steinigen Weg nach oben stets zur Seite standen. Letztendlich war ja auch ich seinerzeit durch ihre Schule gegangen.

Nach der erfolgreichen sportlichen Saison gab es für mich in jenem Jahr auch noch ein persönliches sehr glückliches „Nachspiel". Ich heiratete meine Christa, wir erwarteten unser Kind. So hoffte ich, in den punktspielfreien Monaten mehr Zeit für uns beide zu haben. Dieser Wunsch aber zerschlug sich schnell, denn durch den 3. Platz in der Meisterschaft wurden wir für die Inter-Toto-Runde im Juni und Juli nominiert. Zum Spiel gegen die tschechische Mannschaft Jednota Trencin, das in diesem Rahmen für den 28. Juli in Prag angesetzt worden war, wollte ich eigentlich gar nicht mitfliegen, denn Christa war damals bereits hochschwanger und ich natürlich aufgeregt. Schließlich sagte sie dann aber zu mir: „Mach dir keine Sorgen, du kannst die Mannschaft nicht im Stich lassen." So flog ich also doch mit.

Trainer und Kapitän gratulieren Christa und mir zur Eheschließung.

Das Spiel in Trencin ging aber leider verloren. Meine Leistung war damals wohl die schwächste der ganzen Saison. Heinz Krügel war von unserem Auftritt damals sehr enttäuscht. Die Stimmung auf dem Flughafen verschlechterte sich durch die Nachricht, unsere Mannschaft könne nicht mit einer Maschine zurück nach Berlin fliegen, noch mehr. Es hieß, das geplante Flugzeug sei überbucht, ein Teil könne erst ein paar Stunden später mit einer anderen Maschine fliegen. Das verbesserte Heinz Krügels Laune nicht gerade. Er wollte nun, dass die Spieler, die ihn halbwegs auf dem Platz überzeugt hatten, die erste Maschine nehmen. Für den Rest, zu dem leider auch ich gehörte, sollte die Zweite bleiben. Ich wollte aber so schnell wie möglich nach Berlin und dann weiter zu Christa nach Magdeburg. Also sprach ich meinen Kapitän Manfred Zapf an, der darauf beim Trainer das klärende Gespräch suchte. Auf diese Weise kam ich doch noch in den ersten Flieger nach Berlin. Gegen Mitternacht war ich dann zu Hause. Schon am nächsten Morgen brachte ich Christa ins Krankenhaus. Noch am selben Abend kam unsere kleine Silke zur Welt. Christa und ich waren überglücklich. Als einer der ersten Gratulanten kam Heinz Krügel zu uns. Er hatte Blumen für die junge Mutti mit dabei. Mir klopfte er auf die Schulter, wollte mir wohl damit signalisieren, dass auch ein Trainer einmal Fehler macht. Selbstverständlich wurde später Silkes Geburt mit der Mannschaft gebührend und ausgiebig gefeiert.

Unseren dritten Platz vom Aufstiegsjahr konnten wir in der nächsten Saison nicht nur wiederholen, wir standen am 31. Mai 1969 auch wieder im Finale um den FDGB-Pokal in Dresden. Es ging gegen den FC Karl-Marx-Stadt. Diesmal saß ich nicht mehr nur auf der Tribüne, so wie noch beim letzten Mal. Jetzt war ich mit dabei! Die Karl-Marx-Städter hatten eine sehr starke Mannschaft. Im Mittelfeld agierte Dieter Erler, und im Angriff stürmte neben dem National-Linksaußen Eberhard Vogel noch Manfred Lienemann. Das war einer aus unserer Siegerelf vom UEFA-Turnier 1965. Wir wollten natürlich den Pokal zum dritten Mal an die Elbe holen und begannen das Spiel sehr offensiv. Zur Halbzeit stand es für uns durch einen Treffer von Verteidiger Jörg Ohm 1:0. Karl-Marx-Stadt wollte nach dem Anpfiff zur zweiten Hälfte natürlich schnell den Ausgleich schaffen, aber schon nach sechs Minuten machte Achim Walter das 2:0. Jetzt waren wir vom Sieg nicht mehr abzubringen. Unsere Abwehr stand. Auch der torgefährliche Eberhard Vogel, den damals sogar die Fußball-Legende Pele als den besten Linksaußen der Welt bezeichnete, konnte das Bollwerk um Manfred Zapf nicht knacken. Jörg Ohm mit seinem zweiten Treffer und ich mit dem 4:0 machten dann den dritten Pokalsieg für uns perfekt. Das hatte es in der Geschichte des DDR-Fußballs noch nie gegeben. Ich hielt zum ersten Mal den FDGB-Pokal in den Händen, es sollte nicht das letzte Mal für mich gewesen sein.

Für den FC Karl-Marx-Stadt stand auf der rechten Seite eine Halbzeit lang der Stürmer Gottfried Zölfl auf dem Platz. Er galt in der Juniorenauswahl nach meiner Ära als eines der größten DDR-Fußball-Talente. Den Sprung zu den Männern schaffte er aber nie. Vielleicht fehlte Zölfl dafür das ausgewogene Umfeld, wie wir junge Spieler es in Magdeburg hatten, oder es gab nicht den Trainer, der ihn einfach mal zur Seite hätte nehmen müssen, wie es Heinz Krügel damals auch mit mir gemacht hatte.

DAS WAR DAS 1:0. Torschütze Ohm reißt jubelnd die Arme hoch. Mit ihm freuen sich Abraham und Sparwasser (v. l. n. r.). Betrübt schaut der Karl-Marx-Städter Schuster dieser Szene zu. Dieser Treffer in der 28. Minute gab den Elbestädtern Aufschwung und Selbstvertrauen. Foto: Killan

FDGB-Pokalendspiel Dresden 1969

1agdeburg - SC Karl-Marx-Stadt • 4 : 0

Das Debüt in der Nationalmanschaft

Meine guten Leistungen mit dem 1. FCM in der vergangenen Saison wurden nun, drei Wochen nach meinem ersten Pokalsieg, damit belohnt, dass ich für das Länderspiel am 22. Juni 1969 gegen Chile, noch dazu in Magdeburg, aufgestellt wurde. Ich traf da mit Jürgen Croy und Hans-Jürgen Kreische wieder auf alte Mitstreiter aus erfolgreichen Junioren-Zeiten. Gemeinsam mit mir gab auch noch mein Freund Manfred Zapf sein Debüt in der National-Elf.

20 000 Zuschauer kamen damals in das Ernst-Grube-Stadion – ganz sicher auch, um uns im DDR-Trikot zu sehen. Aber wir spielten schlecht. Als Chile dann in der 90. Minute gar das 1:0 machte, wurde sogar gepfiffen. So ging der Auswahl-Start von uns beiden gründlich daneben. Erfolg ist eben nie von Dauer! Eben noch Pokalsieg und Jubel, jetzt ein verlorenes Länderspiel und Pfiffe! Zum Glück sah aber drei Wochen später die Welt für uns schon wieder besser aus. Da spielten wir in Rostock gegen Ägypten und gewannen mit 7:0. Ich konnte meine ersten beiden Auswahl-Tore erzielen. Sieben Tage später trafen wir in Leipzig auf die UdSSR. Das Spiel war als ein Höhepunkt während des V. Deutschen Turn- und Sportfestes 1969 gedacht. Die Sowjetunion hatte damals eine der spielstärksten Mannschaften in Europa. Unser Aufeinandertreffen verfolgten 90 000 Zuschauer. Es endete 2:2. Beide Tore konnte ich für uns machen, was mir auch in der Nationalmannschaft einen Stammplatz einbrachte. Inzwischen war ich 21 Jahre alt.

Mit Magdeburg wurde ich in den kommenden Meisterschaftsjahren zweimal Vierter. Trainer Heinz Krügel hatte also sein Ziel, uns an die Spitzenmannschaften heranzuführen, tatsächlich erreicht. Damit war er aber noch nicht ganz zufrieden.

Er wollte noch mehr junge Talente schnell in die 1. Männermannschaft einbauen. In der Spielsaison 1971/72 hielt er den Zeitpunkt für gekommen, einen radikalen Schnitt in jene Richtung vorzunehmen. Heinz Krügel holte die Juniorenauswahl-Spieler Jürgen Pommerenke, Axel Tyll, Klaus Decker, Detlef Enge und Detlef Raugust in die Oberliga-Elf. Unser Trainer machte das aber nicht im Alleingang. Manfred Zapf, Wolfgang Seguin und ich wurden in seine Pläne eingeweiht. Obwohl selbst auch noch sehr jung, hatten wir drei ja bereits bewiesen, dass wir die Mannschaft führen konnten. Wir waren quasi in jene Rolle hineingewachsen, die vorher Leute wie Hirschmann, Stöcker und Retschlag in der Truppe spielten. Wir, damals alle um die 17, machten da gerade unsere ersten Oberliga-Spiele.

Dazu gehörte übrigens auch die Einberufung der obligatorischen monatlichen Mannschaftssitzung in „Friedrichs Gaststätten", ohne den Trainer. Hier mussten alle erscheinen. Keiner wagte es, sich zu entschuldigen. Ob wir gut oder schlecht gespielt hatten, an diesem Abend kam alles auf den Tisch. Den Jungen verschlug es da manchmal schon die Sprache. Doch es blieb ja unter uns, keiner war jemals nachtragend. Danach kreisten dann immer die Würfel. Heute würde man wohl „Teambildende Maßnahmen" zu unseren Treffen sagen, die wir damals eben auf unsere Weise abhielten, anscheinend gar nicht so schlecht, wie sich ja dann später herausstellen sollte.

Es war beim 1. FC Magdeburg Tradition, dass auch die Frauen und Kinder in das Mannschaftsleben einbezogen wurden. Der Trainer lud die Spielerfrauen auch mal zum Kaffee ein, weil er wusste, wie wichtig eine intakte Familie für das Wohlbefinden von uns Fußballern war. Nicht selten mussten sie ja viele Alltagsprobleme alleine lösen.

Endlich ist einmal Zeit, mit meiner Christa und Tocher Silke im Park spazieren zu gehen.

Erste Meistertitel

In der Spielsaison 1971/72 wollten wir erstmals die führenden DDR-Fußballclubs angreifen. Aber ein Sprichwort sagt ja schon: „Wenn man sich sehr Großes vornimmt, geht das anfangs oft erst einmal schief!" Anscheinend galt das auch für uns, denn der Saisonstart wurde damals leider zu einem Reinfall. Wir verloren gleich das Auftaktspiel bei Dynamo Dresden, dem amtierenden Meister und Pokalsieger, mit 1:3. Heinz Krügel rang der Niederlage aber trotzdem noch etwas Positives ab. Seiner Ansicht nach hatten wir jungen Spieler nicht enttäuscht. Ganz im Gegenteil: Wir zeigten spielerische Klasse und gingen auch beherzt in die Zweikämpfe. Ich harmonierte gut mit den beiden Mittelfeldspielern Jürgen Pommerenke und Axel Tyll und spürte von Anfang an, dass dies noch deutlich besser werden könnte.

Axel und Jürgen spielten ebenfalls erfolgreich in der DDR-Juniorenauswahl. Jürgen nahm an drei UEFA-Turnieren teil, gewann erstmals mit 15 Jahren Gold, später holte er Silber und Bronze. Er kam aus Wegeleben, nicht weit von Halberstadt entfernt und hatte wie ich im Nachwuchsstützpunkt von Onkel Kurt mit dem Fußball angefangen. Axel Tyll war ein echter Magdeburger. Er begann seine Laufbahn bei Motor Mitte Magdeburg, bevor er zu uns kam. Axel sorgte übrigens für einigen Wirbel, als er während der Junioren-Europameisterschaft in der Tschechoslowakei Günter Siebert, damals Präsident des Bundesligisten Schalke 04, aufgefallen war. In einem Interview begeisterte der sich über Axels überragendes Spiel: „Einen solchen Spielertyp habe ich schon lange nicht mehr gesehen! Den könnte ich mir sehr gut im Schalke-Aufgebot vorstellen!" Dieser Kommentar sorgte natürlich für helle Aufregung unter den DTSB-Funktionären. Aber nicht nur Tyll und Pommerenke erkämpften sich bei uns damals einen Stammplatz. Auch die beiden Außenverteidiger Detlef Enge und Klaus Decker waren schon bald nicht mehr aus der Mannschaft wegzudenken. Die ersten Rückschläge zum Saisonbeginn warfen uns also nicht aus der Bahn. Vielmehr setzten wir uns allmählig an der Tabellenspitze fest und übernahmen nach einem 1:0-Heimsieg gegen den FC Hansa Rostock sogar erstmals die Führung, wurden Herbstmeister und gingen als Geheimtipp für die Meisterschaft in die zweite Halbserie. Wegen der Vorbereitung der Nationalmannschaft auf die Olympischen Spiele 1972 in München hatten wir übrigens nur eine kurze Winterpause.

Anfang März kam der FC Carl-Zeiss Jena zu uns nach Magdeburg in das Ernst-Grube-Stadion, das übrigens gerade mit einer neuen Flutlichtanlage ausgestattet worden war. Quasi eine Premiere – zum ersten Mal wurde sie an jenem Freitag bei einer Meisterschaftsbegegnung eingesetzt. Das Stadion war restlos ausverkauft. Die 45 000 Zuschauer machten unglaubliche Stimmung. Alle wollten sehen, wie wir uns gegen die routinierte und robuste Jena-Elf aus der Affäre ziehen würden. Ich traf wieder auf Michael Strempel. Vor dem Spiel kam es zum üblichen Geplänkel zwischen uns. In der Regel war das zwar Flachs, aber bei Strempel konnte man sicher sein, dass eine Portion Ernsthaftigkeit hinter dem steckte, was er sagte. Er warnte mich: „Komme nicht in die Nähe meines Strafraumes! Falls doch, wirst du nicht bei den Olympischen Spielen dabei sein!"

Mich macht das heute noch wütend, wenn ich daran zurück denke. Ich war aber in einer sehr guten Form und antwortete ihm darauf nur lächelnd: „Ich werde dich dort von einer Ecke in die andere hetzen!" Verärgert setzte ich noch einen drauf: „Nach diesem Spiel wirst du kein Nationalspieler mehr sein!" Das Spiel war noch keine fünf Minuten alt, da ließ ich Strempel stehen und überwand Torhüter Hans-Ulrich Grapenthin. Wir führten jetzt 1:0. Den Jubel in der Arena konnte man sicher bis zum Magdeburger Hauptbahnhof hören. Plötzlich aber fiel die Flutlichtanlage aus, Sekunden lang lag das Stadion in völliger Dunkelheit. Aber nicht einmal das konnte unseren Spielfluss stören. Die ersten Feuerzeuge gingen an, das wirkte auf mich schon fast feierlich. Nach gut einer Viertelstunde endlich wieder gleißende Helligkeit, Jürgen Herman machte das 2:0! Mit diesem Ergebnis ging es in die Halbzeitpause.

Die Jenaer hatten vor dem Saisonbeginn ihren Trainer gewechselt. Georg Buschner wurde Nationaltrainer, nachdem die Auswahl gegen die Niederlande erneut eine Qualifikation zur Europameisterschaft verspielt hatte. Einige Zeit betreute er zwar noch parallel den FC Carl-Zeiss mit, dann aber kam Hans Meyer, mit 29 Jahren damals der jüngste DDR-Oberliga-Trainer. Man hatte in Jena schon recht hohe Erwartungen an ihn und seine Spieler, die teilweise sogar älter waren als er selbst.

Was aber auch immer Hans Meyer seinen Männern während der Halbzeitpause in der Kabine gesagt hatte, eine Verbesserung ihrer Spieles bewirkte es nicht. Gleich nach dem Wiederanpfiff traf ich zum 3:0, nach nur fünf Minuten, wie in der ersten Hälfte! Strempel war in diesem Spiel schlichtweg mit mir überfordert. Ich tanzte ihn nicht nur im Strafraum aus, ich lockte ihn auch aus der Abwehr und spielte ihn müde. Als Jürgen Pommerenke dann nach einer Stunde zum 4:0 traf, war Jenas Gegenwehr gebrochen. So machte Wolfgang Abraham in der Schlussminute auch noch das 5:0. Jetzt war die Stimmung im Stadion kaum noch zu toppen. Wir hatten Jena aus der Meisterschaft geworfen!

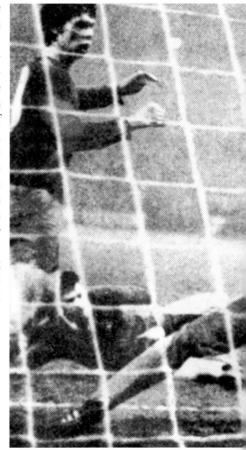

Mein 1:0 gegen Jena – Grapenthin und Strempel sind beide machtlos.

Michael Strempel wurde von seinem Ex-Trainer Georg Buschner tatsächlich nie wieder in die Auswahl geholt. Ich muss heute noch schmunzeln, wenn mich jemand auf das Spiel von damals anspricht, glaube aber nicht, dass diese Begegnung einzig und allein zu Strempels „Aus" in der Nationalmannschaft geführt hatte. Selbstverständlich war auch meine etwas schroffe Ansprache an ihn vor dem Spiel nicht wirklich ernst gemeint.

Tatsächliche Gründe dafür waren wohl eher in den sich international verändernden Ansichten über die Rolle eines modernen Abwehrspielers zu suchen. Neue Auffassungen setzten sich durch, die ihn jetzt auch mehr als Spielgestalter sahen. Die Zeit der „reinen Zerstörer" auf dem Platz war eben vorbei. Das zeigte sich deutlich bei der Europameisterschaft 1972 in Belgien und auch später, bei der WM 1974. In beiden Turnieren siegte bekanntlich die Bundesrepublik, deren Spielweise den sich abzeichnenden Trend bestätigte.

Bei unseren Magdeburger Fans jedenfalls breitete sich eine bis dahin nicht gekannte Euphorie aus. Unserem Trainer passte das eigentlich ganz und gar nicht. Im Nachhinein schien seine Sorge, unsere junge Truppe könnte dem Erwartungsdruck nicht standhalten, auch nicht ganz unberechtigt gewesen zu sein.

Das „Rauhbein" Strempel kann mich nur durch ein grobes Foulspiel stoppen.

Nachfolgend, gegen Union Berlin, gewannen wir nur knapp mit 1:0, das auch nur durch einen verwandelten Elfmeter. Aber später in Rostock zeigten wir wieder unsere alte Stärke. Die mehreren hundert mit angereisten Fans feuerten uns im Ostsee-Stadion fanatisch an. Wir dankten es ihnen mit hochklassigem Angriffsfußball. Seguin, Pommerenke und Tyll dominierten das Mittelfeld. Mein 3:0 besiegelt dann die Rostocker Niederlage.

Wir hatten jetzt nur noch drei Spiele bis zu unserem großen Ziel, der Meisterschaft. Nächster Gegner auf dem Weg dorthin war die Elf von Sachsenring Zwickau, die eine gute Saison gespielt hatte und im gesicherten Liga-Mittelfeld stand. Die Fans waren sich also einig: Eine klare Sache für uns! Aber im Tor der Zwickauer stand damals Jürgen Croy. Mein guter Freund war in jener Zeit unbestritten einer der weltbesten Torhüter, den es erst einmal zu überwinden galt. Tatsächlich brachte er mich und die anderen mit seinen Paraden beinahe zur Verzweiflung. Es wurde ein mühsamer 2:1-Sieg. Die 45 000 Zuschauer zitterten bis zum Ende.

Vor dem nachfolgenden Heimspiel gegen den damaligen Rekord-Meister, Vorwärts Frankfurt/Oder, wollte Heinz Krügel nichts mehr dem Zufall überlassen. Er setzte ein Kurztrainingslager in der abgeschiedenen Colbitzer Heide an, wo er intensive Gespräche mit uns führte. Bei einem Spaziergang machte er mir klar,

Auf dem Platz Gegner, privat aber gute Freunde: Jürgen Croy (li.) und ich

wie groß meine Verantwortung jetzt in der Mannschaft war. „Ich habe den Eindruck, die Jungen sind doch etwas aufgeregt. Jürgen, in diesem Spiel werden wir Geduld haben müssen! Sagen sie das auf dem Feld den jungen Spielern immer wieder ganz deutlich!" An jenem Mittwoch, das Spiel gegen Frankfurt war also im Wochenverlauf sehr früh angesetzt, wollten wir die Entscheidung erzwingen. Es gab zwar noch das letzte Saisonspiel bei Lok Leipzig, aber darauf wollten wir und der Trainer es nicht mehr ankommen lassen.

Obwohl es ein Arbeitstag war, kamen 30 000 Zuschauer in das Stadion. Viele nahmen sich sogar frei oder Urlaub. Es wurde das vom Trainer befürchtete Geduldspiel. Für die Frankfurter ging es um nichts mehr, aber sie wollten es uns trotzdem noch einmal richtig schwer machen. Nach dem 1:0 von Axel Tyll, eine halbe Stunde war da bereits gespielt, wurden unsere Aktionen endlich sicherer, noch ein Treffer gelang uns aber nicht. In den letzten Minuten vor dem Abpfiff durch Schiedsrichter Rudi Glöckner waren die Zuschauer von den Ordnern kaum noch zu halten. Auf den Rängen herrschte euphorische Stimmung. Dann aber war es soweit! Wir rissen die Arme hoch. Nach wenigen Minuten schien das ganze Spielfeld nur noch in Blau und Weiß getaucht zu sein. Es war unglaublich. Keiner von den großen Fußballclubs hatte es geschafft, aber wir Magdeburger wurden am 17. Mai 1972 zum ersten Mal DDR-Fußballmeister!

Die Frankfurter Hamann und Andresen konnten mich hier nicht am Torschuss hindern.

„Elf der Hoffnu

Als am Mittwoch vor 30 000 Zuschauern der 1. FC Magdeburg gegen Vorwärts Frankfurt (Oder) den DDR-Meistertitel perfekt machte, war einer der auffälligsten Akteure Nationalspieler Jürgen Sparwasser, der hier seinem Frankfurter Bewacher Withulz entwischen kann.

Ausgelassene Freude herrschte in der Kabine FC Vorwärts Frankfurt. Mit einem Glas Sek Spieler bereits auf dem Platz verloren. Doch

Glückwunsch dem neuen Meister 1. FC Magdeburg, der nun unsere Hoffnungen f Herbert Groth, Cheftrainer Heinz Krügel, Manfred Zapf, Axel Tyll, Wolfgang stellvertretende Clubvorsitzende Günter Behne und Trainer Günter Konzack. K ner Heine, Ulrich Schulze, Detlef Enge, Klaus Decker und Jörg Ohm.

...gen" holte Titel

...agdeburg nach dem Sieg im letzten Spiel über den
...n Meistertitel angestoßen. Ihre Trikots hatten die
...as wohl bei solch einem Anlaß?

Jubel, Begeisterung bei den Fußballern des 1. FC Magdeburg (im Vordergrund von rechts Sparwasser, Seguin). Zum ersten mal hat der 1. FCM den DDR-Meistertitel errungen. **Unseren herzlichen Glückwunsch!** Foto: Käpermann

...ternationalen Verpflichtungen im EC I trägt. Stehend von links Clubvorsitzender
...Jürgen Achtel, Siegmund Mewes, Wolfgang Abraham, Jürgen Sparwasser, der
...on links: Rolf Retschlag, Jürgen Pommerenke, Hans-Jürgen Hermann, Hans-Wer-
Foto: Sturm

Olympische Spiele 1972 in München

Viel Zeit der Erholung gab es für uns Nationalspieler nach der Meisterschaft nicht. Wir hatten uns ja mit der Auswahl für das Fußballturnier im Rahmen der Olympischen Spiele von München 1972 qualifiziert. Bereits im Juni begann die Vorbereitung der Auswahl-Kanditaten. Ziel und klare Vorgabe der DDR-Führung an uns war eine Goldmedaille. So hatte Manfred Ewald, Chef des Deutschen Turn- und Sportbundes der DDR, die Fußball-Funktionäre des Verbandes ohne Schnörkel instruiert. Georg Buschner als neuer Nationaltrainer war nicht gerade ein Freund von uns Magdeburgern, aber er kam einfach nicht an fünf Spielern unserer Meister-Mannschaft vorbei, wenn es um die Nominierung in den Olympiakader ging. Das waren Manfred Zapf Wolfgang Seguin, Jürgen Pommerenke, Axel Tyll und ich. Für mich ging natürlich ein Traum in Erfüllung. An Olympischen Spielen teilnehmen zu dürfen, ist eines größten Ziele jedes Sportlers. Dieses Treffen junger Menschen unterschiedlichster Herkunft und Hautfarbe, in dem alle Nationen und auch Religionen vertreten sind, zeigte und zeigt der Welt damals wie heute für ein paar Wochen, wie friedlich und fair im Leben miteinander umgegangen werden kann. München 1972 war für mich ein Erlebnis, das ich nie vergessen werde.

Das Turnier begann in der Vorrunde mit dem Spiel gegen Ghana. Erwartungsgemäß gewannen wir mit 4:0 nach zwei Toren von „Hansi" Kreische und jeweils einem Treffer von Achim Streich und mir. Dann aber wartete auf uns die polnische Nationalmannschaft, in deren Reihen Spieler wie Gorgon, Deyna, Lubanski und Gadocha standen. Das waren immerhin Leute, die zwei Jahre später bei der Fußball-Weltmeisterschaft einen hervorragenden dritten Platz belegen sollten. Wir verloren 2:1, kamen aber dennoch in die Zwischenrunde. In Passau trafen wir hier mit Ungarn auf unseren ersten Gegner. Auch dieses Spiel mussten wir mit 2:0 abgeben. Die Konsequenz aus unseren Niederlagen war, dass Buschner zur Aussprache mit Manfred Ewald geladen wurde. Der drohte gleich damit, uns vorzeitig abreisen zu lassen. Die Mannschaft sollte sich gefälligst ein Beispiel an den Leichtathleten und Schwimmern nehmen. Einen solchen Tonfall waren wir DDR-Sportler ja gewohnt, für jeden Außenstehenden aber muss er heute ungewöhnlich direkt, ja fast militant wirken. Mit seiner Forderung offenbarte Ewald aber nur mehr als deutlich, wie wenig er über Fußball wusste. Man kann unsere Sportart, die noch dazu einen ganz besonderen Stellenwert in der Sportwelt hat, nicht so einfach mit jeder anderen vergleichen.

Zwar durften bei den Olympischen Spielen keine Profi-Fußballer in den Auswahlen stehen, aber mit Polen, Ungarn und vor allem mit der Sowjetunion waren europäische Spitzenmannschaften zum Turnier angetreten. Ungarn hatte bei der Europameisterschaft in Belgien wenige Wochen zuvor den vierten Platz belegt. Die Sowjetunion scheiterte erst im Finale an der Bundesrepublik, die damals mit Netzer, Beckenbauer und Müller den wohl besten deutschen Fußball aller Zeiten spielte.

Ein bewegender Moment: Unser Einmarsch zur Eröffnungsfeier in das Olympiastadion (ich in der Mitte)

Dann kam mit dem 5. September 1972. Ein Tag, den ich wohl nie vergessen werde. Am Morgen, mein Zimmerkamerad Hans-Jürgen Kreische und ich schliefen noch, klopfte es plötzlich heftig an der Tür. Wir wurden aufgefordert, im Zimmer zu bleiben und nicht den Balkon zu betreten. Genau unserem Wohnblock gegenüber hatten palästinensische Terroristen die israelische Olympiamannschaft überfallen. Jetzt drohten sie damit, auf jeden zu schießen, der sich draußen zeigen sollte. Wir beide schauten uns geschockt an. Plötzlich nahm „Hansi" seine Kamera und rutschte geduckt auf den Balkon. Ich konnte ihn nicht davon abhalten. Er streckte den Arm hoch, legte die Kamera auf die Brüstung und machte quasi blind mehrere Fotos. Die Situation war schon sehr beängstigend. Wieso belagerten Terroristen das Olympische Dorf, in dem doch nur Sportler wohnten? Keiner konnte sich so richtig erklären, was da genau passierte. Wer waren diese Leute? Welche Absichten steckten hinter dem Überfall? Den ganzen Tag über hatten wir keinerlei Vorstellungen. Erst später erfuhren wir von seinem entsetzlichen Ausmaß, bei dem es sogar zu einem blutigen Massaker gekommen war.

Nachmittags hieß es dann von offizieller Seite, dass unser Spiel gegen Mexiko an jenem Tag in Ingolstadt ausgetragen werden sollte. Schwer bewaffnete Sicherheitskräfte führten uns in die Tiefgarage des Wohnhauses. Dort wartete schon der Bus, der uns dorthin bringen sollte. Wir gewannen das Spiel damals 7:0, aber irgendwie war das jedem egal. Alle dachten an die Schüsse im Olympischen Dorf, keine 50 Meter Luftlinie von unserer Unterkunft entfernt. Als wir nach dem Spiel wieder zurückkamen, erfuhren wir, dass wir wieder den Balkon betreten durften, weil die Terroristen nicht mehr da waren. Erst jetzt begriffen wir, wie grausam der Überfall gewesen war. Alle Fenster des Gebäudes gegenüber waren weit geöffnet. Die Unterkünfte der israelischen Delegation hatten die Terroristen völlig verwüstet. An den Wänden waren deutlich Blutspuren zu erkennen.

„Hansi`s" Foto vom Balkon: Die Regierungsvertreter verhandeln mit den Terroristen.

Später erfuhren wir, dass Bundesinnenminister Hans-Dietrich Genscher zu diesem Zeitpunkt noch mit diesen Leuten verhandelte, leider ohne Erfolg. Später, auf dem Flugplatz in Fürstenfeldbruck, misslang dann auch noch die Befreiung der Geiseln. Wieder floss Blut, das für uns von da an auf den Olympischen Ringen klebte. Oft denke ich heute noch daran, wie grandios die Spiele eröffnet wurden. Was war das für ein bunter, schöner und freundlicher Tag – unvergesslich für alle, die im Olympiastadion mit dabei gewesen waren. Und dann diese schrecklichen Bilder, nach denen für mich die Olympischen Spiele eigentlich schon zu Ende waren! Ich hatte nichts anderes als den Abbruch erwartet. Doch sie gingen weiter, mit einem Trauerflor und den Fahnen auf Halbmast.

Im letzten Spiel der Zwischenrunde wartete auf uns jetzt der Gastgeber BRD im Olympiastadion von München. Gold war nicht mehr drin. Dem Sieger dieser Begegnung winkte aber noch das kleine Finale. Somit war also der Kampf um die Bronzemedaille noch möglich. Aber trotzdem! Wie sollte man sich jetzt nach diesen schrecklichen Ereignissen überhaupt noch auf Sport konzentrieren können? Das Olympiastadion war bis auf den letzten Platz gefüllt, als die Mannschaften zum nicht offiziellen Länderspiel den Rasen betraten. In der Gastgeber-Elf standen mit einer einzigen Ausnahme Bundesliga-Spieler, die keinen Profi-Status hatten. Außer Uli Hoeneß, Mittelfeldspieler vom FC Bayern München, gehörte auch keiner zur aktuellen Nationalmannschaft, die vor einigen Wochen den Europameistertitel gegen die UdSSR in Brüssel gewonnen hatte. Das Spiel verlief mit leichten Vorteilen für uns recht ausgewogen. Wir gingen durch Jürgen Pommerenke mit 1:0 in Führung, aber noch vor der Halbzeit glich Uli Hoeneß zum 1:1 aus. Auch die zweite Hälfte ähnelte vom Spielverlauf her der ersten. Achim Streich traf zum 2:1, und Ottmar Hitzfeld sorgte postwendend für das 2:2. In unserer Schlussoffensive gelang Eberhard Vogel dann doch noch der Siegtreffer – Endstand: 3:2.

Für mich ging es nach dem Spiel noch in die „Verlängerung". Ich war gemeinsam mit Uli Hoeneß zur Dopingkontrolle ausgelost. Noch auf dem Spielfeld wurden wir beide von den Medizinern in Empfang genommen. Später in der Kabine war mir die Prozedur dann doch schon als etwas peinlich. Ich konnte einfach kein Wasser lassen. Nach Wettkämpfen ist bei Sportlern die psychische Anspannung oft noch dermaßen groß, dass eben nichts dergleichen geht. Etwas lockerer wurde ich erst, als mir Uli Hoeneß zu verstehen gab, dass bei ihm ebenfalls nichts passierte. Der sah die Sache aber entspannt und meinte nur: „Da müssen wir erst vier, fünf Vasen trinken." Bald wurde die Schwester nervös. Sie fing an uns Tricks zu verraten, womit es vielleicht klappen könnte. Also wurde der Wasserhahn aufgedreht, und wir ließen es über die Innenhand laufen. Das brachte allerdings auch nicht den erwünschten Erfolg. Als letztes Mittel gingen wir zum Weizenbier über. Ich muss sicher nicht groß anmerken, dass man nach so einem Spiel nicht wirklich große Mengen davon benötigt, um ins Schwanken zu geraten. Allmählich trat diese Wirkung dann auch bei mir ein, aber jetzt konnte es wenigstens losgehen. Der Schwester war natürlich sichtlich erfreut und reichte uns die Gläser. Erfreut war übrigens damals sicher auch unser Mannschaftsarzt, der mit dem Rest der Truppe schon eine geschlagene Stunde im Bus auf mich gewartet hatte.

Als letztes Spiel in diesem Olympia-Turnier bestritten wir dann das Kleine Finale gegen die UdSSR, in dem es für uns, wie schon beschrieben, um die Bronzemedaille ging. Nach einer halben Stunde führte die sowjetische Mannschaft, die mit der Elf des Vize-Europameisters komplett identisch war, mit 2:0. Der sehr schnelle Oleg Blochin von Dynamo Kiew und der Georgier Murtas Churzilawa schossen die Tore. Noch vor der Pause aber verwandelte „Hansi" Kreische einen Foul-Elfmeter und schaffte damit für uns den Anschlusstreffer. In der zweiten Halbzeit drängten wir energisch auf den Ausgleich, doch bei der drückenden Hitze schwanden die Kräfte. So wechselte Georg Buschner eine Viertelstunde vor Schluss Eberhard Vogel ein, der nur drei Minuten später das 2:2 machte. Das war auch der Stand nach 90 Minuten.

Es ging also in die Verlängerung. Ein Elfmeterschießen gab es damals noch nicht. Das Regelwerk sah vor, dass beide Mannschaften Bronze erhielten, wenn es auch nach 120 Minuten noch Unentschieden stand. So kam es zwischen dem Kapitän der Sowjets Murtus Churzilawa und mir auf dem Rasen zu einer Absprache, die ich jahrelang für mich behalten habe. Ich kannte Churzilawa ja schon aus vielen Spielen. Auch in München war er wieder mein Gegenspieler. Kurz vor dem Abpfiff der zweiten Hälfte, unsere Mannschaften waren wegen der brütenden Hitze fast am Ende ihrer Kräfte, nahm ich all meine Russisch-Kenntnisse zusammen und fragte ihn, ob wir nicht beide mit der Bronzemedaille zufrieden sein könnten. „Da, Da!", war seine kurze Antwort. Danach wies er seine Mitspieler an. Ab diesem Zeitpunkt wurde der Ball unter den Pfiffen der Zuschauer auf dem Platz nur noch hin und her geschoben.

Es kam, was natürlich kommen musste: Die Sowjetunion wechselte noch einmal aus. Der frische Spieler wusste ja nichts von unserer Abmachung. Er war nicht zu bremsen, und die Gefahr, dass der noch ein Ding rein machen könnte, war sehr groß. Also ging ich noch einmal direkt auf Churzilawa zu. Er sollte den Mann bitte gefälligst zurückzupfeifen. Bei einem Einwurf für den Gegner sprintete Churzilawa dann zur Außenlinie. Es war peinlich für mich zu sehen, wie der Junge senkrecht mit angewinkelten Armen so da stand, während er sich eine gehörige Standpauke von seinem Kapitän anhören musste. Hinterher war er plötzlich der schwächste Spieler auf dem Platz.

Es blieb beim 2:2, und ich muss heute gestehen, ich schämte mich vor den Zuschauern wie noch nie in meinem Leben. Zehn Jahre später gab es zwischen der Bundesrepublik und Österreich bei der Weltmeisterschaft 1982 in Spanien ein ähnliches Spiel. Als das damals im Fernsehen lief, ging ich aus dem Zimmer. Plötzlich waren die Erinnerungen wieder da. Nach dem kleinen Finale von München wurde in den Medien viel spekuliert. War es ein abgekartetes Spiel oder nicht? Man sprach damals von einer „Farce der deutsch-sowjetischen Freundschaft". Das olympische Fußballturnier 1972 gewannen übrigens die Polen durch zwei Tore von Kazimierz Deyna mit 2:1 gegen den Titelverteidiger Ungarn.

Der Original-Spielberichtsbogen vom Spiel DDR gegen die BRD

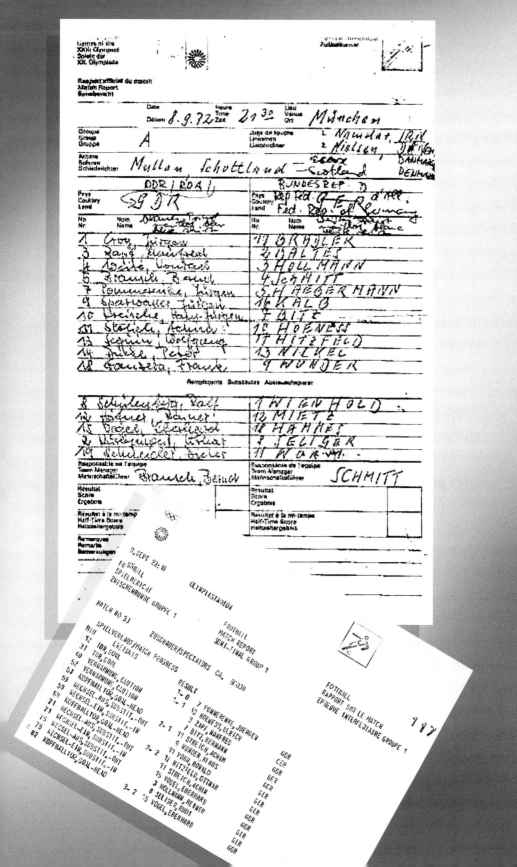

Randerlebnisse

Obwohl die Spiele nach dem Schock des Attentats ihre Fröhlichkeit verloren hatten, erinnere ich mich doch auch gern an viele heitere Begebenheiten während dieser zwei Wochen im Sommer 1972. So gingen wir Magdeburger, Seguin, Zapf und ich, an einem freien Abend durch das Olympische Dorf. Da entdeckte „Paule" Seguin ein Plakat: „Heute Abend tritt Hazi Osterwald mit seinem Orchester und dem Gast-Star Daliah Lavi im Dorf auf!" „Paules" Augen wurden auf einmal ganz groß. Mit der Ansage: „Da müssen wir unbedingt hin!" hatte er uns zum Mitkommen praktisch schon verpflichtet. Um ja auch gute Plätze zu erhaschen, saßen wir schon sehr früh in der ersten Reihe in einer Dreier-Loge. „Paule" hatten wir in unserer Mitte. Dann kam Daliah Lavi. Sie sang einige Lieder, nach denen der Beifall im Saal kein Ende nehmen wollte. Unser „Paule" war von seiner Sängerin hin und her gerissen. Zu allem Überfluss kam sie dann auch noch auf unsere Loge, um ihr letztes Lied zum Besten zu geben. Sie kniete sich hin, schaute „Paule" tief in die Augen. Der schmolz jetzt förmlich zusammen, als sie ihn mit ihrer rauchigen Stimme in den Bann zog: „Ooooh, oh, oh, oh, oh, ooh, wann kommst du?" Unser „Paule" fiel fast ins Koma. Er hatte danach eine ganz unruhige Nacht, erzählte er uns am nächsten Tag. „Zappel" und mir kommen heute noch vor Lachen die Tränen, wenn die Story bei unserem jährlichen Mannschaftstreffen mit unseren Frauen wieder zum Besten gegeben wird.

In München hatte ich aber auch eine schöne Begegnung, die heute vielleicht sogar sportgeschichtlichen Wert besitzt. Eines Abends ging ich mit Bernd Bransch noch etwas an die frische Luft. Da kam ein kleines Mädchen ganz aufgeregt auf uns zu, sprang ihm vor Freude in die Arme und wollte ihn vor Glück gar nicht mehr loslassen. Sie hatte eine Olympia-Medaille um den Hals, die erste in ihrer noch sehr jungen Sportlerlaufbahn. Einige sollten später noch folgen. Das Mädchen, die Schwimmerin Kornelia Ender, kannte Bernd aus Halle, wo beide zu Hause waren. Bei einem Treffen vor einiger Zeit habe ich Kornelia an diese schöne Episode erinnert. Sie hatte das längst vergessen, aber köstlich darüber gelacht, als ich Ihr davon noch einmal erzählte.

Kurioses passierte auch, als ich eines Tages mit meinem Zimmerkameraden „Hansi" Kreische im obersten Stock unseres Wohnhauses saß. Wir schauten uns gerade die Leichtathletik-Wettkämpfe im Fernsehen an. „Hansi" stand für einen Moment auf und ging auf den Balkon. Plötzlich rief er: „`Spary`, komm mal schnell her! Da rasen zwei dunkelhäutige Amerikaner im vollen Sprint zum Olympiastadion!" Ich hatte mir gerade den unglaublichen Kommentar des Reporters angehört.

„Hansi" macht sein Tor, meinen Glückwunsch!

Freizeit im Olympischen Dorf

Der sprach über einen Zwischenlauf, zu dem zwei USA-Sprinter nicht erschienen waren. Als ich dies „Hansi" erzählte, wollte der mir die Geschichte erst gar nicht abnehmen. Später konnten wir das ganze Drama auch in der Zeitung nachlesen. Die Athleten, die wir vom Balkon aus gesehen hatten, waren besagte Kandidaten, denen das Missgeschick passiert war.

Jeden Morgen gingen wir beide gemeinsam zum Frühstück. Schon beim Betreten der Mensa fiel mir ein Mann mit außergewöhnlicher Leibesfülle auf. Wie ich mir schon dachte, handelte es sich um den sowjetischen Ringer Alexander Medwed. Ungemein spannend und interessant war es nun für uns herauszufinden, was und wie viel er denn so zum Frühstück verdrücken würde. Ich schlug „Hansi" eine Wette vor und schätze, dass ich Medwed mindestens sechs Steaks zutrauen würde. „Hansi" hielt dagegen. Aber auf seinen zwei Tablettes hatte der Ringer weit mehr, als nur die Steaks zu liegen. So dauerte Medweds Frühstück dann doch etwas länger. Wir blieben aber trotzdem bis zum Schluss in der Mensa. Dann hatte ich die Wette endlich gewonnen und „Hansi" musste für den Abend eine Flasche Bier besorgen. Mit dem Dresdener verband mich in meiner Fußballer-Karriere immer eine besondere Freundschaft. Oft haben wir zu Lehrgängen oder Länderspielen das Zimmer miteinander geteilt.

München 1972

ielerischen Linie abbringen.
Nach der Pause steigerte sich unsere Elf, ging durch Streich nach ckball und schöner Kopfballvorlage n Sparwasser (53.) wieder in Führ-ng. Schwächen in der Deckung rten zum Ausgleich durch Hitz-d (69.), ehe Vogel durch einen herr-hen Kopfball den Sieg sieben Miten vor Schluß sicherstellte.

DDR: Croy — Bransch, Zapf, Weise, nzera, Pommerenke, Kreische, guin, Sparwasser, Ducke, Streich 71. Vogel).

Bronze für DDR und UdSSR
Kampfgeist wurde belohnt / 2:2 auch nach Verlängerung

In einem Spiel zweier Mannschaften, die sichtbar am Ende ihrer Kräfte waren, teilten sich die Fußballer der UdSSR und DDR mit einem 2:2 nach Verlängerung den dritten Platz und erhielten beide die Bronzemedaille.

Vor allem in der zusätzlichen 30minütigen Spielzeit wurde deutlich, daß sieben Spiele innerhalb von 14 Tagen die Kraftreserven der Akteure aufgebraucht hatten. Gehörte der UdSSR die Anfangsphase des Spieles, so verdient die DDR-Mannschaft für ihre kämpferische Leistung im weiteren Verlauf der Partie ein Lob, wenn auch technische Mängel unverkennbar waren.

Nach einem Schuß von Blochin ins lange Eck (11.) und einem 20-m-Schuß von Churzilawa nach Freistoß-Ablage von Blochin (31.) schien mit der 2:0-Führung der UdSSR bereits die Vorentscheidung gefallen zu sein. Doch ein von

Kreische sicher verwandelter Strafstoß nach Handspiel von Churzilawa (35.) und schließlich zehn Minuten vor Schluß ein nicht alltäglicher 30-m-Schuß von Vogel aus Rechtsaußenposition brachten die DDR-Mannschaft wieder heran. Daß in der Verlängerung keine der beiden Seiten mehr ein Risiko einging, da nach dem Reglement kein Elfmeterschießen zu befürchten war, konnte nur das verständnislose Publikum wundern, das seiner Enttäuschung mit Pfiffen Ausdruck gab.

UdSSR: Rudakow — Istomin, Churzilawa, Kaplischny, Lowtschew, Kolotow, Olschansky, Semenow (ab 63. Andriasjan), Jewrjushichin (ab 41. Jakubik), Blochin, Zanazanian.
DDR: Croy — Bransch, Ganzera (ab 20. Kurbju-weit), Zapf, Weise, Pommerenke, Seguin (ab 25. Sparwasser, Kreische, Ducke, Streich, Vogel).
Schiedsrichter: Marques (Brasi-lien).

In Schußlaune zeigten sich die DDR-Fußballer im Spiel gegen Mexiko beim 7:0. Allen voran Jürgen Sparwasser (im Vordergrund), der dreimal Torhüter Sanchez überwand. Auch hier kam die mexikanische Abwehr in Nöten.

Meilensteine

Nach Olympia gewann für mich der Fußball-Alltag in Magdeburg schnell wieder die Oberhand, obwohl von Seiten der DDR-Sportführung schon kurz nach den Spielen mit der Vorbereitung auf das nächste große Ereignis, die Weltmeisterschaft 1974 in der Bundesrepublik, begonnen wurde. Wir hatten uns ja noch nie für eine WM-Endrunde qualifizieren können. Diesmal sollte das aber unbedingt anders werden. Die DTSB-Führung übte da schon sehr großen Druck auf den Fußballverband aus: „Für die Endrunde der Weltmeisterschaft in der Bundesrepublik hat sich die DDR zu qualifizieren!"

Ich konzentrierte mich aber erst einmal mit meinem 1. FCM auf die Meisterschaft und den Pokal. Wir wurden da als Titelverteidiger vor allem von Dynamo Dresden und Carl-Zeiss Jena gejagt. Beide Mannschaften waren sehr spielstark. In der neuen Saison hielten wir vom ersten Spieltag an vorn mit und ließen uns nicht abschütteln. Allerdings konnten wir den Titel dann doch nicht verteidigen. Stattdessen sprang für unsere immer noch sehr junge Truppe ein hervorragender dritter Platz heraus. Meister wurde Dynamo Dresden, gefolgt von Carl Zeiss Jena. Nach unserem Erfolg von 1972 standen für uns im Herbst nun erstmals die Europapokalspiele im Cup der Meister an. Wir siegten über den finnischen Meister Turku und spielten danach im Achtelfinale gegen Juventus Turin. Beim italienischen Rekord-Meister waren Leute unter Vertrag, wie Torwart Dino Zoff, die Mittelfeldspieler Fabio Capello, Helmut Haller (ein Deutscher) und die Stürmer Anastasi und Bettega. Haller bestritt in diesem Jahr seine letzte Saison. Die Begegnung gegen „Juve" verlief ausgeglichen, endete aber dann doch mit einem italienischen 1:0-Sieg.

Das Rückspiel Anfang November in Magdeburg war schon Tage vorher restlos ausverkauft. 35 000 Zuschauer wollten uns dabei unterstützen, die Niederlage von Turin wieder wettzumachen. Wir bestimmten dann auch das Spiel, aber der Turiner Riegel war einfach nicht zu knacken. Das ist eben Fußball: Die Italiener starteten nach der Halbzeit einen gefährlichen Konter, gingen mit 1:0 in Führung, und unser Widerstand war gebrochen. Die Zuschauer, die uns vorher noch unterstützten, riefen jetzt nach Helmut Haller, der noch auf der Ersatzbank saß. Als die Helmut-Rufe dann immer lauter wurden, kam er kurz vor Schluss doch noch auf den Platz. Schon etwas füllig geworden, winkte er nach Spielschluss den Zuschauern noch einmal zu. Das war der erste Auftritt eines westdeutschen Nationalspielers seit 1956. Damals spielte der 1. FC Kaiserslautern im Leipziger Zentralstadion vor 100 000 Zuschauern. Seit dem Bau der Mauer sperrten sich ja bekanntlich unsere Funktionäre vor Vergleichen zwischen Mannschaften aus Bundesliga und der DDR-Oberliga. Sie konnten aber natürlich nicht zu verhindern, dass es irgendwann einmal in Europapokal-Wettbewerben doch zu deutsch-deutschen Begegnungen kommt. Unser erster Auftritt im Europacup der Meister endete jedenfalls leider schon im Achtelfinale gegen Juventus Turin, ohne dass wir uns schlecht verkauft hatten.

Böses Foul an mir durch Capello

Ich habe an die Begegnungen noch ganz besondere Erinnerungen. Auf dem Flug zum Europapokalspiel gegen Juventus Turin mit der Fluggesellschaft „Alitalia"kam eine Stewardess auf mich zu und fragte, ob ich nicht mit nach vorn zum Flugkapitän kommen wollte. Ich ging natürlich mit. Damals standen ja die Türen zum Cockpit des Flugkapitäns noch weit offen, besonders bei den Italienern. Der Pilot begrüßte mich und fragte, ob ich mich auf den Co-Pilotensessel setzen möchte. Ich nahm die Einladung gerne an.
Wir plauderten ein wenig über Fußball und über das bevorstehende Spiel gegen „Juve" und dann sagte er zu mir: „Ich fliege jetzt mal etwas näher an dem Berg da drüben vorbei." Schon aus der Ferne war auf ihm ein noch kleines Kreuz zu sehen, das schnell größer und letztendlich riesig wurde. Es war jetzt etwas stiller im Cockpit. Als wir dann daran vorbeiflogen, erzählte der Pilot mit sehr bewegter Stimme: „Dort ist die große Mannschaft von AC Turin abgestützt. Ich war damals schon als kleiner Junge ein großer Fan dieser Mannschaft. Das schwere Unglück traf den italienischen Fußball am 4. Mai 1949. Der AC Turin war in Italien damals Serienmeister. ´Nur ein Flugzeugabsturz konnte den Siegeslauf dieser Mannschaft stoppen!`, so stand das damals in den Zeitungen. Zu den Opfern zählte auch Valentino Mazzola, damals einer der besten italienischen Stürmer.
Im Mai 1949, nach dem Gewinn der Meisterschaft, hatte man mit Benfica Lissabon ein Freundschaftsspiel ausgemacht. Obwohl er krank war und nicht spielen konnte, reiste Mazzola mit nach Portugal, um sich das Spiel wenigstens anzuschauen. Am 4. Mai flog die Mannschaft dann zurück nach Italien. Beim Lande-anflug auf Turin herrschte schlechtes Wetter und der Pilot bemerkte daher nicht, dass er die Maschine, eine Fiat G-212, zu weit nach unten gedrückt hatte. So zerschellte sie mit allen 31 Spielern, Funktionären, der Crew und den Reportern am Turiner Hausberg Superga, nur knapp oberhalb der gleichnamigen Kathedrale. Vom übermächtigen AC Turin überlebte nur ein Spieler, weil er wegen einer Verletzung nicht mitgereist war. Mazzolas Sohn, Sandro, war da gerade mal sieben Jahre alt. Er wurde später, wie sein Vater, Fußballprofi und spielte für Inter Mailand und in der italienischen Nationalmannschaft. In seiner Karriere gewann er vier Meisterschaften, je zweimal den Europapokal der Landesmeister und den Weltpokal. Mit Italien wurde er 1968 Fußball-Europameister." Ich konnte die Trauer des Piloten über dass Ünglück damals sehr gut verstehen. Seine Geschichte hatte mich sehr bewegt.
Unverständlich ist mir allerdings bis heute eine andere Begebenheit, die sich ereignete, als wir 1977 im UEFA-Pokal wieder auf Juventus trafen. Herbert König war damals unser Delegationsleiter. Am Ende der Mannschaftssitzung meldete er sich noch einmal zu Wort. „Jungs, nach dem Spiel dürft ihr diesmal nicht die Trikots tauschen! Die wichtigsten DTSB-Funktionäre sitzen heute in der Sportschule Kleinmachnow zusammen und schauen sich das Spiel an. Bitte denkt daran!" Als das Spiel zu Ende war, kam mein Gegenspieler Marco Tardelli, der 1982 mit Italien in Spanien im Finale gegen Deutschland Weltmeister wurde, im Mittelkreis auf mich zu und zog sein Trikot aus. Ich tat das Gleiche. Wir tauschten, dann der Handschlag, so wie sich das unter Fußballern gehört. Ich dachte in dem Moment nicht mehr an das, was uns da Herbert König eingetrichtert hatte.

Das Trikot von Tardelli

TURIN

Er muss wohl dann auch gleich einen gepfefferten Anruf im Hotel bekommen haben. Die Herren in Kleinmachnow waren wohl außer sich. Herbert König kam später sehr bedrückt zu mir und erzählte, was er sich gerade anhören musste: „Trotz einer klaren Anweisung tauscht der Sparwasser mit einem Kapitalisten das Trikot und schädigt darüber hinaus damit unser Volkseigentum!" Zu Hause musste ich wegen dieser Angelegenheit noch richtig Spießrouten laufen. Ich war ja gerne bereit, den entstandenen „Volksschaden" von zwölf Ost-Mark zu bezahlen. Aber manchmal frage ich mich heute schon: „´Spary`, was hast du dir damals eigentlich alles gefallen lassen?" Achim Streich tauschte zur gleichen Zeit, aber halt zehn Meter weiter sein Trikot mit seinem Gegenspieler, den hatte aber die Kamera nicht eingefangen. Der Vorfall von damals ist heute noch ein „Lacher", wenn wir Spieler uns über die alten Zeiten unterhalten. Das Trikot von Marco Tardelli hat übrigens heute in meinem Haus einen ganz besonderen Platz.

Im Europapokal waren wir ja nun ausgeschieden, auch den Meisterschaftstitel hatten wir verloren, aber im Pokalwettbewerb standen wir zum vierten Mal im Finale. Das wurde am 1. Mai 1973, wie schon 1964 beim ersten Magdeburger Pokalsieg, im Dessauer Paul-Greifzu-Stadion ausgetragen. Wie vor neun Jahren, kam unser Gegner aus Leipzig, nur dass aus dem SC Leipzig der 1. FC Lok Leipzig und aus dem SC Aufbau Magdeburg der 1. FC Magdeburg geworden war. Zum Spiel in der viel zu kleinen Arena kamen diesmal 30 000 Zuschauer, dazu war es auch noch erbarmungslos heiß.

Vor dem Pokal-Endspiel in Dessau 1973: Der 1. FC Magdeburg gegen 1. FC Lok Leipzig

Nur Manfred Zapf, „Paule" Seguin, Wolfgang Abraham und ich waren noch vom Aufgebot übrig, das 1969 gegen den FC Karl-Marx-Stadt den Pokal geholt hatte. Es wurde dann ein sehr mitreißendes und hochklassiges Endspiel. Leipzig war ein starker Gegner. Die Mannschaft hatte sich international erfolgreich im UEFA-Pokal profilieren können. Schon nach fünf Minuten machte Mittelstürmer Henning Frenzel das Führungstor für Lok. Manfred Zapf hatte ihn für einen Augenblick aus den Augen verloren. Sein Deckungsfehler verärgerte „Zappel" dann aber offensichtlich so, dass er wenige Minuten später zu einem Eckball mit nach vorn stürmte und den Ball mit voller Wucht, für den Leipziger Torwart Werner Friese unhaltbar, ins Netz köpfte. So gingen wir bei dem Stand von 1:1 in die Pause.

Die zweite Halbzeit gehörte dann aber mir. Kurz nach Beginn brachte ich uns in Führung. Jetzt mobilisierten die Leipziger bei der immer unerträglicher werdenden Hitze ihre letzten Reserven, und Wolfgang Altmann konnte eine Viertelstunde vor Schluss ausgleichen. Das von beiden Seiten offensiv geführte Spiel wogte hin und her, doch nach einer Eingabe von Detlef Enge gelang mir kurz vor Spielende dann noch der entscheidende Siegtreffer, so dass es nicht mehr zur Verlängerung kam. Wir hatten Leipzig, wie schon 1964, erneut geschlagen, dieses Mal mit einem 3:2, unser vierter Pokalsieg im vierten Endspiel! Das sollte der erste Schritt zum größten internationalen Triumph unserer Mannschaft gewesen sein.

Nach dramatischem Spiel zum vierten Mal Pokalsieger

...finale: 1. FC Magdeburg–1. FC Lok Leipzig 3:2 (1:1) / Kampfstarke Dessauer Paul-... überraschte den favorisierten DDR-Meister / Zwei Sparwasser-Tore

1. FCM: Schulze; Enge, Zapf, Achtel, Decker, Pommerenke, Seguin, Abraham (ab 76. Hermann), Tyll, Sparwasser, Mewes.

1. FC Lok: Friese; Sekora, Gröbner, Geisler, Fritsche, Moldt, Frenzel, Köditz, Altmann, Naumann (ab 72. Kupfer), Matoul.

Schiedsrichter: Riedel (Berlin); **Zuschauer:** 35 000.

Torfolge: 0:1 Frenzel (6), 1:1 Zapf (19.), 2:1 Sparwasser (48.), 2:2 Altmann (73.), 3:2 Sparwasser (87.).

1. FC Magdeburg– 1. FC Lok Leipzig
3:2

Unser Bild zeigt Sparwasser, Cheftrainer Heinz Krügel, Kapitän Manfred Zapf (von links nach rechts).

Der Weg zum Europapokal-Endspiel

Wir Spieler ahnten damals nicht, dass uns der vierte Pokalsieg direkt in das Europapokal-Finale 1974 nach Rotterdam führen könnte. Aber einer unter uns vielleicht doch? Als wir in der ersten Runde den holländischen NAC Breda zugelost bekamen, mussten wir am 19. September 1973 zuerst auswärts antreten, allerdings nicht in Breda, weil dort gerade das Stadion umgebaut und die Rasendecke erneuert wurde. Wir spielten im nahe gelegenen Rotterdam, im legendären „Kuip". Das war kein schönes Spiel – Endstand: 0:0.

Vor der Abfahrt versammelte Heinz Krügel dann etwas unerwartet die gesamte Mannschaft noch einmal in der mittlerweile leeren Arena. Die wirkte ohne Zuschauer jetzt noch gigantischer als sie ohnehin schon war. Etwas verwundert hatte uns Krügels „Kleiner Ortstermin" schon. Dann sagte er plötzlich: „Schaut euch dieses Stadion genau an!" Er blickte uns dabei reihum in die Augen, „In diesem Stadion werden wir am 8. Mai des kommenden Jahres wieder spielen. An diesem Tag wird hier das Endspiel um den Europapokal der Pokalsieger angepfiffen." Manch einer von uns konnte sich damals ein leichtes Schmunzeln nicht verkneifen. So richtig vorstellbar war das an jenem Abend für uns nicht. Doch irgendwie hatte uns der Trainer die Hoffnung, dass wir es vielleicht doch schaffen könnten, ins Unterbewusstsein eingepflanzt. Ab da schwang sie in jedem von uns ständig mit. Ob nach einem Sieg oder nach einer Niederlage, in der Kabine oder im Mannschaftsbus, irgendein Spieler frohlockte ab da immer mit: „Im kommenden Mai spielen wir in Rotterdam!" Je nach Stimmungslage gab es dann böse Blicke oder einen Lacher, verbunden mit einem „Träume weiter!"

Dann kam Breda zum Rückspiel nach Magdeburg, wo die Holländer, absolut chancenlos, gegen uns eine 2:0-Niederlage kassierten. Wir zogen also in die nächste Runde, in der es jetzt, wieder zuerst auswärts, gegen den Banik Ostrava, den tschechischen Pokalsieger, ging. An diese Begegnung haben viele von uns leider keine guten Erinnerungen. In aufgeheizter Atmosphäre wurde von Anfang an absolut überhart gegen uns vorgegangen. Sogar der bulgarische Schiedsrichter ließ sich von der feindseligen Stimmung in diesem Hexenkessel anstecken, indem er völlig unverständliche Entscheidungen gegen uns traf. Heinz Krügel hatte nur noch damit zu tun, jene Spieler immer wieder zu beruhigen, die erst gar nicht in das Spiel fanden, weil sie so etwas noch nie erlebt hatten. Am Ende verloren wir mit 0:2. Natürlich hatten die Zuschauer noch nicht vergessen, wie fünf Jahre zuvor dem Prager Frühling gewaltsam ein Ende gesetzt worden war. Mannschaften aus den damaligen Warschauer-Pakt-Staaten bekamen das, was uns in Ostrava passiert war, überall in der Tschechoslowakei zu spüren. Frustriert beriefen „Zappel", „Paule" und ich nach dem Abendessen eine unserer „Sonder-Mannschaftssitzungen" ein. Zumindest gab es ja ausreichend tschechisches Bier, da wurde natürlich mit der Zeit die Auswertung immer lauter. Schließlich stand Mannschaftsarzt Heinz Eckardt verschlafen an der Tür. Es muss so gegen drei Uhr morgens gewesen sein, wir hatten ihn wohl geweckt. In seiner ruhigen Art bat er uns: „Jungs, seid vernünftig und geht ins Bett." „Zappel" griff zur Bierflasche und entgegnete: „Heute nicht, Doktor! Heute gehen wir ins Bett, wenn wir umfallen!

Das Rückspiel gewinnen wir!" Heinz Eckhardt schüttelte darauf nur den Kopf und verschwand. Klar ahnte der Trainer am nächsten Morgen schnell, was sich in der Nacht abgespielt hatte. Man musste ja nur in unsere Gesichter schauen. Gesagt hat Heinz Krügel damals aber nichts. Auch von unserem Doktor soll er nie etwas über diese Nacht erfahren haben.

Das Rückspiel in Magdeburg bestritten wir an einem November-Mittwoch, der sehr regnerisch war. Angepfiffen wurde um 14.30 Uhr vor 15 000 Zuschauern, die ihren Spielbesuch sicher später nie bereut haben dürften. Nach packenden 90 Minuten, Toren von Wolfgang Abraham und Martin Hoffmann, ging es mit 2:0 in die Verlängerung. Sicher waren wir abgekämpft, doch keiner ließ nach. Was „Zappel" in unserer „Sonder-Mannschaftssitzung" nachts in Ostrava zu Heinz Eckhardt gesagt hatte, war jetzt für uns Gesetz: „Das Rückspiel gewinnen wir!" Kurz vor Ende der ersten Hälfte der Verlängerung machte ich dann das 3:0. Jetzt war die Moral der Tschechen gebrochen, sie konnten das Spiel nicht mehr umdrehen. Nach dem Abpfiff brach bei uns auf dem Rasen und bei den 15 000 auf den Rängen großer Jubel aus. Wir standen jetzt im Europacup-Viertelfinale.

Als nächsten Gegner loste man uns im Frühjahr 1974 den bulgarischen Pokalsieger Beroe Stara Zagora zu. „Das ist eine insgesamt spielerisch starke Mannschaft, die einige ganz herausragende Individualisten in ihren Reihen hat!", mahnte uns damals Trainer Heinz Krügel nach seiner Spielbeobachtung. Seit einigen Jahren befand sich der bulgarische Fußball schon im Aufwind, und uns allen war klar, dass sich das auch in der Spielstärke der dortigen Clubs widerspiegeln würde.

Europapokalspiel in Magdeburg gegen Stara Zagora

Doch wir waren gut in die zweite Halbserie der Oberliga gestartet, standen da nur knapp hinter Jena und Dresden auf Platz drei. Nach dem Pokalsieg im vergangenen Jahr war in dieser Saison vielleicht sogar der zweite Meistertitel möglich.

Dieses Mal hatten wir gegen die Bulgaren zuerst das Heimrecht. Für uns eine ganz neue Konstellation in diesem Europapokalwettbewerb, denn schwache Auswärts-Hinspiele konnte man zu Hause mit den Fans im Rücken natürlich leichter wieder wettmachen. Jetzt musste aber gegen Stara Zagora schon in Magdeburg ein Torpolster her. Auch die Fans des bulgarischen Fußballclubs galten als so temperamentvoll, dass dort schon manchmal den Kontrahenten aus Sofia das Fürchten gelehrt wurde. Aber unser Plan ging auf. Wir gewannen in Magdeburg 2:0, eine gute Ausgangsposition für das Rückspiel in Stara Zagora.

Die Bulgaren gaben sich nach dem Hinspiel allerdings keineswegs geschlagen. Energisch suchten sie zu Hause vor 30 000 fanatischen Zuschauern ihre Chance. Wir überstanden jedoch ihre Offensiven. Mit 0:0 ging es in die Halbzeit. Auch nach dem Wiederanpfiff hielt unsere Abwehr gut gegen die heftigen Angriffe. Mit zunehmender Spielzeit schlich sich dann Verunsicherung bei den Bulgaren ein. Ein mehr als schmeichelhafter Foul-Strafstoß brachte die Gastgeber kurzzeitig in Führung, bis „Schiebchen" Hermann mit seinem Ausgleich uns wieder in das Spiel zurückbrachte. Danach ließen wir bis zum Abpfiff nichts mehr anbrennen. Wir standen jetzt im Halbfinale des Europapokals. Das war der bis dahin größte Erfolg in unserer Vereinsgeschichte. Außer Jena, war noch nie eine DDR-Mannschaft so weit in einem internationalen Wettbewerb gekommen.

Für die Halbfinalspiele standen am 22. März 1974 in Zürich nur noch vier Fußball-Vereine zur Auslosung: Pokalverteidiger AC Mailand, Borussia Mönchengladbach, Sporting Lissabon und der 1. FC Magdeburg. Uns war damals eigentlich egal, gegen wen es jetzt gehen sollte. Der DDR-Fußballverband sah das jedoch etwas anders: „Bloß nicht die Netzer-Truppe aus Mönchengladbach!" Aber unsere Sportführung konnte aufatmen, die Gladbacher mussten gegen den AC Milan ran. Unser nächster Gegner wurde Sporting Lissabon.

„Schaut euch dieses Stadion genau an!", hatte damals unser Trainer im „Kuip" vorausgesagt. „Hierher kommen wir wieder zurück zum Pokalfinale!" War Heinz Krügel jetzt auch noch Hellseher? Aber noch hatten wir es ja nicht.

Der Chefarzt des Sportmedizinischen Dienstes in unserem Bezirk, Bezirkssportarzt OMR Dr. med. Eckhardt, betreut seit 14 Jahren die Oberligamannschaft des 1. FC Magdeburg. Hier untersucht er das hoffnungsvolle Talent des FC Magdeburg Martin Hoffmann. Interessierter Zuschauer Nationalstürmer Jürgen Sparwasser.

Fußball-Träume

Hellseher oder nicht, dank Heinz Krügel hatten wir Magdeburger Fußballer im Frühjahr 1974 tatsächlich eine so hohe Spielqualität erreicht, dass wir uns quasi zwei Ziele stecken konnten, von denen damals sicher viele nur träumen konnten: Die Meisterschaft zum zweiten Mal nach Hause holen und in das Europapokal-Finale einziehen. Hinzu kam noch, dass einige Spieler, wie auch ich, ja zum Nationalkader gehörten. Die Aussicht, im Sommer an der Weltmeisterschaft teilzunehmen, war also absolut realistisch. Wenn ich heute mit meinen alten Mannschaftskameraden zusammensitze, wir über diese Zeit reden, sind das für uns immer die „Fetten Jahre" – nicht zu Unrecht, dank unserem Trainer.

In der Meisterschaft lief damals alles auf einen Endkampf mit Jena und Dresden hinaus. Gegen die mussten wir, das auch noch auswärts, in einer englischen Woche spielen. Vom alten Pokal-Rivalen Lok Leipzig hatten wir uns zuvor nach nur schwachem Spiel mit 0:0 getrennt, also einen wichtigen Punkt verschenkt. So musste jetzt gegen die beiden Mannschaften aus der Tabellenspitze unbedingt ein Sieg her, als erstes auswärts, gegen Jena! Zwar hatten die Thüringer schon 75 Heimspiele in Serie nicht mehr verloren, aber wir gewannen sehr abgeklärt mit 2:1. So kurz vor dem Ziel die Meisterschaft verspielt zu haben, war an jenem Tag ganz sicher eine bittere Enttäuschung für den 1. FC Carl-Zeiss und seine 16 000 Anhänger. Unseren Sieg konnten wir aber nicht lange feiern. Schon vier Tage später kam es in Dresden zum nächsten Gipfeltreffen. Unsere Mannschaften standen beide punktgleich in der Tabelle. Der Verlierer würde praktisch einen Spieltag vor dem Meisterschaftsfinale aus dem Rennen sein. Um ihre Schwarz-Gelben anzufeuern, kamen an jenem Spieltag 35 000 Fans in das Rudolf-Harbig-Stadion. Schon in der sechsten Minute gingen wir in Führung. Das Ergebnis hielten wir dann bis zum Ende, so dass wir jetzt also kurz vor dem Gewinn der Meisterschaft standen. Unser Vorsprung gegenüber Titelverteidiger Dynamo Dresden betrug jetzt zwei Punkte und vier Tore.

Einer, der das Spiel besonders interessiert von der Tribüne aus beobachtet hatte, war damals Mario Goulart Lino, Cheftrainer von Sporting Lissabon, der seine Elf optimal auf das kommende Europacup-Spiel gegen uns einstellen wollte. Auch Heinz Krügel war nach Portugal geflogen, um wenigstens ein einziges Mal unseren nächsten Gegner persönlich in Augenschein zu nehmen. Er nutzte die letzte Möglichkeit, Sporting Lissabon in einem Meisterschaftsspiel der portugiesischen Liga zu beobachten. Zuvor hatte er noch mit unserem Co-Trainer Günter Konzack und uns Spielern die entscheidende Begegnung mit dem ASK Vorwärts Frankfurt/Oder bis ins letzte Detail besprochen. Die Armee-Truppe hätte den für uns bereits greifbaren Titel durchaus noch verhindern können.

Im nachfolgenden Duell vor 35 000 Zuschauern schenkten sich dann unsere beiden Mannschaften nichts. Wir führten 3:1, als die Frankfurter kurz vor Schluss noch zum Anschlusstreffer kamen. Da wurde also bis zum Abpfiff noch mal gezittert. Dann aber war die zweite Meisterschaft perfekt. Wie schnell die Nachricht vom Titelgewinn Krügel in Lissabon erreichte, weiß ich nicht. Den Glückwunschbrief hatte der „Hellseher" unserem Kapitän jedenfalls schon vor seiner

Abreise zugesteckt. Er wurde später auf der Siegesfeier verlesen. Unsere Freude über den Sieg war jedenfalls riesengroß und wurde natürlich mit dem einen oder anderen Bier gefeiert.

Es war aber nicht wirklich viel Zeit zum Luftholen, denn jetzt wartete auf uns Sporting Lissabon. Wir waren also gespannt, wie der Trainer diese europäische Spitzenmannschaft nach seiner Spielbeobachtung einschätzen würde. „Das Wichtigste wird immer wieder sein," so der Trainer, „die Nerven zu behalten. Denn das voll besetzte 'Estadio Jose de Alvalade` wird einem Hexenkessel gleichen." Er machte sich damals wohl auch Sorgen, dass wir dem Druck vielleicht nicht standhalten könnten. Unsere Elf hatte damals ein Durchschnittsalter von etwa 22 Jahren. Aber wir „Alten", „Zappel", „Paule" und ich, beschwichtigten seine Bedenken. Schließlich spielte die Mannschaft seit drei Jahren zusammen, und die jungen Spieler waren längst wichtige Leistungsträger. In unserer Truppe herrschte eine Klasse-Stimmung. Wir hielten absolut fest zusammen. Außerdem waren da ja noch unsere Frauen, die ebenfalls eine verschworene Gemeinschaft bildeten. Sie saßen damals bei jedem Heimspiel auf der Tribüne. Auch bei Auswärtsspielen, die damals zusammenfassend am Samstagabend im DDR-Fernsehen übertragen wurden, spielten sie irgendwie immer mit. Keiner von uns fürchtete sich also vor Sporting Lissabon.

Der 1. FC Magdeburg wird 1974 zum zweiten Mal DDR-Fußballmeister.

Die Schlacht von Lissabon

Wegen der hohen Außentemperaturen beginnen Fußballspiele in Portugal immer erst am späten Abend. Sogar um 21 Uhr, als das Spiel angepfiffen wurde, war es immer noch sehr warm. Heinz Krügel hatte uns gut auf das Treffen eingestellt. Es überraschte also niemanden zu erfahren, dass sich das Stadion schon Stunden vor Spielbeginn nahezu komplett gefüllt hatte. Als wir dann in das „Estadio Jose de Alvalade" geführt wurden, setzte ein ohrenbetäubender Lärm der 45 000 Zuschauer ein. Tomaten und Südfrüchte flogen uns zur Begrüßung entgegen, das alles konnte uns jedoch nicht beeindrucken.

Wie wir erwartet hatten, begannen die Portugiesen das Spiel sehr stürmisch. Aber unsere Abwehr stand gut, auch Ulli Schulze im Tor, der mit Glanzparaden die Sporting-Stürmer zur Verzweiflung brachte. Er agierte im Strafraum sehr sicher und war auf der Linie einfach erstklassig. Nach der ersten Hälfte war also noch kein Tor gefallen. Nicht nur wir, auch unser Trainer war mit dem bisherigen Spielverlauf mehr als zufrieden. In der Kabine forderte er: „Jetzt noch öfter nach vorn spielen und Konter setzen! Sporting wird nervös!"

Auch in der zweiten Halbzeit begann Sporting mit druckvollen Angriffen, die aber den gewünschten Führungstreffer wieder nicht einbrachten. Dann kam die 52. Minute. Nach einem Foul an Torwart Ulli Schulze musste Wolfgang Abraham, der bis dahin absolut fehlerfrei gespielt hatte, in höchster Not mit der Hand retten. Der Schiedsrichter zeigte sofort auf den Elfmeter-Punkt. Wolfgang war darüber untröstlich. Aber wir ließen ihn nicht allein und hofften nur, dass Ulli, der sich bei dem Foul eine Platzwunde am Kopf zugezogen hatte, weiterspielen konnte. Die Behandlung zog sich drei Minuten hin. Dann stand er Dinis, dem besten Stürmer der Portugiesen, gegenüber, der sich den Ball auf dem Elfmeter-Punkt zurechtlegte. Es wurde schlagartig ruhig. Ulli Schulze war voll konzentriert. Dann der Schuss, und Ulli hielt den Ball! Vor lauter Freude stürzten wir auf unseren Kieper. Natürlich war auch Wolfgang sehr erleichtert. Heinz Krügel, der in diesem Moment erkannte, dass sich das Spiel jetzt drehen könnte, wollte, dass wir den Schockzustand der Portugiesen nutzten. Er jubelte nur kurz und rief uns dann zu: „Jetzt nach vorn spielen!" Ein paar Minuten später kam ein Pass aus der Abwehr zu Martin Hoffmann. Der machte sich auf den Weg und flankte zu mir in den Strafraum: Tor! Wir führten 1:0! Sporting, davon sehr beeindruckt, brauchte danach lange, um wieder in sein Spiel zu finden. Ein direkt verwandelter Freistoß brachte zwar noch das 1:1, aber das änderte nichts daran, dass wir uns eine hervorragende Ausgangsposition für das Rückspiel erarbeitet hatten.

Sporting Lissabon

Nicht nur ein Lied

Jetzt schwirrte das in unseren Köpfen herum, war uns Heinz Krügel nach dem Spiel gegen Breda vorhergesagt hatte. Den Sanges-Ohrwurm „Ja, wir sein mit`m Rad`l da!" hatten wir längst umgedichtet und zum neuen Mannschaftslied gemacht: „Ja, wir fahr`n nach Rotterdam! Ja, wir fahr`n nach Rotterdam!" In Magdeburg feierten damals unsere Fans das Unentschieden aus dem Hinspiel wie einen Sieg. Die ganze Stadt war im Fußballfieber. Zum Kartenvorverkauf für das Rückspiel gegen Lissabon bildeten sich endlose Schlangen vor den Kassenhäuschen. Nicht wenige Fans verbrachten die Nacht in Decken gehüllt auf einer Luftmatratze, um am Morgen als erste eine Karte erstehen zu können. Alle 35 000 Karten waren schnell vergriffen. In den Tagen vor dem Spiel wurden sie sogar auf dem Schwarzmarkt gehandelt. Unsere Clubzentrale hatte nie mit einer Kartennachfrage gerechnet, die das Fassungsvermögen des Ernst-Grube-Stadions um das Doppelte hätte übersteigen können.

Dann kam der Tag der Entscheidung, der 24. April 1974. Es regnete in Strömen, aber das machte keinem von uns etwas aus. Heinz Krügel brauchte uns nicht besonders zu motivieren. Alle wussten ja, welche große, vielleicht einmalige Chance wir hatten. Nach dem Anpfiff durch den englischen Schiedsrichter Tayler begannen wir sehr forsch. Wir wollten ein frühes Tor. „Paule" Seguin und ich setzen aus dem Mittelfeld heraus Jürgen Pommerenke in Szene, der uns schon nach neun Minuten in Führung schoss. Riesenjubel bei den Fans! Es war aber noch nichts entschieden. Jetzt machten die Portugiesen das Spiel. Sie inszenierten Angriffswelle auf Angriffswelle, so dass wir den knappen Vorsprung gerade so in die Pause retten konnten.

Mein Tor gegen Sporting führte zum Einzug in das Euopapokal-Finale gegen den AC Mailand.

In der Kabine wurde es dann laut. Trainer Krügel hatte Mühe, unsere erhitzten Gemüter zu beruhigen. „Wir dürfen uns nicht einschnüren lassen!", sagte er und forderte, trotz des nur knappen Vorsprungs mutig nach vorn zu spielen. Uns allen war klar, das Ticket nach Rotterdam war noch längst nicht eingelöst.
In der zweiten Halbzeit machte Lissabon noch mehr Druck, aber uns gelangen dadurch zunehmend gefährlichere Konterzüge. So auch in der 70. Minute: Axel Tyll bediente mich mit einem guten Pass. Aus halblinker Position zog ich ab. Der Ball wurde auf dem glitschigen Boden für Torhüter Damas immer länger und schlug schließlich, für ihn unerreichbar, am langen Pfosten ein. 2:0! Heute denke ich, dass dieser Treffer einer der wichtigsten Treffer meiner Fußball-Karriere war. Das Stadion wurde jetzt zum Tollhaus. Es dauerte lange, bis der englische Schiedsrichter Tayler das Spiel am Mittelkreis wieder freigab. Das war ja noch lange nicht vorbei. Als den Portugiesen in der 80. Minute der Anschlusstreffer gelang, war jedem von uns klar: Wenn die Portugiesen jetzt noch den Ausgleich schaffen, ist der Traum von Rotterdam für uns ausgeträumt! Die letzten zehn Minuten wollten einfach nicht vergehen. Aber auch Sporting hatte das Tempospiel viel Kraft gekostet, so dass die Gäste das Spiel in den letzten Minuten nicht noch einmal umdrehen konnten. Schlusspfiff! Unser Ziel war erreicht! Die einsetzenden Freudengesänge der 35 000 waren sicher bis in die hintersten Winkel von Magdeburg zu hören. Wir stürmten auf Heinz Krügel zu und ließen ihn hochleben. Für ihn gab es jetzt doppelten Grund zum Feiern, denn er hatte auch noch Geburtstag. Unser Trainer, mit seinen anscheinend hellseherischen Fähigkeiten, war 53 Jahre alt geworden. Diesmal schmunzelte keiner mehr, als er uns später in der Kabine noch einmal an seine Vorhersage erinnerte. Es wurde eine lange, feuchtfröhliche Nacht, die wir uns alle verdient hatten.

Unsere Mädels

Als wir zwischen Finaleinzug und Vorbereitung auf das Europapokal-Endspiel unsere Meisterfeier machten, wollte anfangs so richtige Stimmung bei uns nicht aufkommen. Zu sehr waren wir schon auf den 8. Mai 1974 konzentriert, jenem Tag, an dem das Finale in Rotterdam stattfinden sollte. Es würde gegen den AC Mailand gehen, der sich im anderen Halbfinale gegen Borussia Mönchengladbach durchgesetzt hatte. Aber von Stunde zu Stunde löste sich die Anspannung. Daran hatten vor allem unsere Frauen großen Anteil. Die sangen und schunkelten, dass mancher Funktionär der SED-Bezirksleitung aus dem Staunen nicht heraus kam. Meine Frau und Verena Zapf wollten die feucht fröhliche Gunst der Stunde nutzen. Also redeten sie auf die Genossen ein. Es wäre doch sehr wichtig, dass die Frauen ihre Männer in Rotterdam unterstützen. Bisher durften sie ja zu keinem Auswärtsspiel in das westliche Ausland mitfahren, aber am 8. Mai könnte man doch einmal eine Ausnahme machen.

Zuerst hielten sich die Herren bedeckt und wichen scherzend aus: „Eure Männer sollen in Rotterdam mit dem Ball spielen und nicht mit ihren Frauen. Aber wenn der Cup in Magdeburg in der Vitrine steht, dann feiern wir hier alle ein großes Fest." Das wollten unsere Mädels aber nicht hören. Sie ließen nicht locker. „Man kann das ja mal ins Auge fassen.", rutschte es plötzlich, nach längerem Zögern Heinz Hanke von der SED-Bezirksleitung heraus. Meine Frau und Verena Zapf reagierten sofort: „Das wollen wir schriftlich haben!". Heinz Hanke unterschrieb also einen von den Frauen pfiffig vorbereiteten Text.

 Keine Ahnung, warum sich Hanke damals soweit von der Parteilinie abdrängen ließ! Wahrscheinlich hatte er vom vielen Zuprosten schon einen leichten Schleier vor den Augen. Trotzdem, unterschrieben war unterschrieben. Christa und Verena frohlockten und johlten: „Ja, wir fahr`n nach Rotterdam! Ja, wir fahr`n nach Rotterdam!" Zwei Tage später wollten die Genossen das Papier von unseren Frauen jedoch wieder zurückhaben. Sie waren mittlerweile anscheinend ausgenüchtert und versuchten sich nun stammelnd aus der Affäre zu ziehen: „Das war doch nur ein Spaß!" Als sie den Zettel dann endlich in die Hände bekamen, wurde er schnell zerrissen. Unsere Frauen hatten zwar nie so richtig an die Reise nach Rotterdam geglaubt, aber etwas enttäuscht waren sie schon.

Der Triumph des 1. FC Magdeburg

Alle Spieler unserer Mannschaft waren damals für das Europapakal-Finale hochmotiviert. Unser Trainer führte unzählige Einzelgespräche mit uns. „Wir haben nichts zu verlieren, wir können nur gewinnen!", argumentierte er immer. Dann ging es nach Rotterdam, wo am Vorabend des Spieles beide Mannschaften noch einmal im Stadion trainierten. Wir kamen zuerst auf den Platz, dann folgte Trainer Trapattoni mit seiner Truppe. Auf dem Weg zurück in die Kabine schaute man sich nur kurz ziemlich emotionslos an. Am folgenden gab es dann die obligatorische Mannschaftssitzung vor dem Spiel. Das war eine der kürzesten, die ich je erlebt habe, obwohl sicher noch einiges zu klären gewesen wäre. Keiner wusste, wer die Position von Klaus Decker einnehmen sollte. Der war wegen einer zweiten gelben Karte für das Endspiel gesperrt worden. Stattdessen überraschte uns Heinz Krügel wieder einmal alle, als er sagte: „Helmut!", damit meinte er Helmut Gaube, „Haben sie gestern Abend gesehen, wie der Rivera Sie beim Training beobachtet hat? Sie spielen gegen ihn!" Nicht nur Helmut war „sowas von den Socken", wir anderen auch. Helmut Gaube war ein prima Kerl, kam aber in der Meisterschaft nur selten zum Einsatz. Er spielte hauptsächlich in der Reserve, aber tatsächlich sollte er dann später eine derart blendende Partie machen, dass der große Rivera keinen Stich sah. Heinz Krügel musste sich wohl gedacht haben: „Wenn ich dem Jungen schon einen Tag vorher sage, dass er spielt, dann bewältigt er diese Aufgabe womöglich nicht!" Ja, er war eben auch ein ausgesprochen guter Psychologe, unser Trainer!

Dann ging es endlich los. Am 8. Mai 1974, um 20.30 Uhr, wurde das Spiel bei ständigem Nieselregen angepfiffen. Vor dem Gegner mit dem großen Namen hatten wir eigentlich nicht besonders großen Respekt. Schon damals gehörten die Mailänder zu den besten Fußballmannschaften in Europa. Sie waren der Titelverteidiger und hatten auch schon den Europapokal der Meister gewonnen. Weltstars wie Gianni Rivera und Romeo Benetti gehörten zu ihrem Aufgebot. Zentraler Mann in der Abwehr war der ehemalige deutsche Auswahlspieler Karl-Heinz Schnellinger. Der hatte schon an vier Weltmeisterschaften teilgenommen und war 1966 Vizeweltmeister geworden. Er erlebte also das Finale gegen England mit, in dem das berühmte „Wembley-Tor" gefallen war. Bei der Weltmeisterschaft in Mexiko 1970 schoss er im denkwürdigen Halbfinale gegen Italien in der 90. Minute den Ausgleich zum 1:1. Sein einziges Länderspieltor, ausgerechnet gegen Italien! Damals spielte er ja bereits fünf Jahre beim AC Mailand.

Schnellinger hatte während des Spieles an diesem Abend einige Mühe, seine Abwehr zusammenzuhalten, in die wir, Martin Hoffmann und ich, immer wieder Lücken reißen konnten.

Detlef Raugust und ich (am Ball) bereiten einen Angriff vor.

Axel Tyll und Jürgen Pommerenke konnten uns aus dem Mittelfeld heraus immer wieder gut in Szene setzen. Und dann war da ja noch unser Helmut Gaube, der „Trainer-Joker"! Er stand Gianni Rivera förmlich auf den Füßen. Den Mailänder Spielmacher, der schon einmal Europas Fußballer des Jahres gewesen war, schien Helmuts Hartnäckigkeit sehr zu überraschen. Es kam die 43. Minute. Mailänds Abwehrspieler Lanzi wollte eine Flanke von Detlef Raugust zur Ecke klären, aber das misslang. Stattdessen flog der Ball ins Netz. Eigentor! 1:0 für uns! Zwei Minuten noch, dann war Halbzeit.
In der Kabine sagte Heinz Krügel kurz: „Gut, weiter so! Ihr habt die Mailänder im Griff!" Er ging natürlich auch zu Helmut und wird sich wohl, wie wir alle, innerlich gefreut haben, wie gut er sich auf dem Platz in Szene gesetzt hatte. Allerdings mahnte er Helmut aber auch ausdrücklich, Rivera nicht in die gegnerische Hälfte zu folgen. Auch in der zweiten Halbzeit dominierten wir gegen die Rot-Schwarzen aus Mailand. Nur ab und zu gelang ihnen ein gefährlicher Angriff. Eine Viertelstunde vor Schluss setzte sich Wolfgang Seguin halbrechts im Strafraum durch und schoss aus spitzem Winkel auf das gegnerische Tor, 2:0!

Der Widerstand des AC Mailand schien zwar gebrochen, aber wir spielten jetzt phasenweise auch viel zu übermütig. Axel Tyll jonglierte an der Eckfahne, und Helmut Gaube stürmte entgegen der Weisung von Heinz Krügel in die Mailänder Hälfte. Da hielt es den natürlich nicht mehr auf seinem Platz. Er pfiff Helmut lautstark zurück. Später hörte ich dann, dass er von der Bank aus sogar mit Gaubes Auswechslung gedroht haben soll, falls der noch einmal nach vorne ginge. Langsam näherte sich das Spiel dem Ende. Trainer und Spieler begannen vom Spielfeldrand aus wild zu gestikulieren: „Noch eine Minute!" Alle waren aufgestanden. Auch wir blickten jetzt immer öfter zur Stadionuhr. Die Zeit wollte einfach nicht vergehen. Doch dann pfiff der holländische Schiedsrichter van Gemert endlich ab. Das Spiel war aus! Wir rissen die Arme hoch und stürmten zu dem uns am nächsten stehenden Mannschaftskameraden und fielen uns gegenseitig um den Hals. Dann bildete sich eine große blau-weiße Traube auf dem Platz. Wir nahmen Heinz Krügel und trugen ihn auf unseren Schultern über den Rasen des „Kuip" von Rotterdam. Was war das für eine riesige Freude! Mit dem 1. FC Magdeburg hatte zum ersten Mal eine DDR-Mannschaft den Europapokal der Pokalsieger gewonnen – das noch dazu gegen den großen AC Milan!

Im Zweikampf mit meinem Gegenspieler Lanzi

STADION
woensdag 8:30 uur
8 mei a.s.
Finale Europa Cup II
F. C. MAGDEBURG
A. C. MILAN
Entreeprijzen: f 35.- 25.- 17.50

   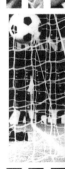

Der EC-Mini-Pokal, die EC-Medaille (rechts und links), dazu der Goldene Ehrenring des 1. FC Magdeburg

Sportfunktionäre

Nie werde ich den Moment vergessen, in dem UEFA-Präsident Artemio Franchi auf der Ehrentribüne unserem Kapitän Manfred Zapf an diesem verregneten Abend den Europapokal überreichte. Wir waren alle überglücklich, konnten aber in diesem Augenblick wohl auch noch nicht so richtig einordnen, was wir an jenem Tag wirklich geleistet hatten.

Gut eine Stunde nach dem Abpfiff stiegen wir aus dem Bus, um in unser Hotel in Noordwijk, einem Badeort an der Nordseeküste, einzuchecken. Hier wollten wir den Europapokalsieg natürlich ausgiebig feiern. Der Hotelbesitzer hatte schon vorsorglich die Diskothek im Keller für uns reserviert. Egal, ob wir nun gewonnen hätten oder nicht, er war sicher davon ausgegangen, dass wir nach dem Spiel einen Disco-Besuch machen wollten, sei es nur, um nach einer Niederlage den Ärger herunterzuspülen. Leider war unser Delegationsleiter aber kein Verantwortlicher aus Magdeburg, sondern Günter Schneider, Generalsekretär des DDR-Fußballverbandes. Als der uns dann mit dem Sektglas in der Hand mitteilte, dass unsere Siegprämie in Höhe von 250.000 D-Mark zur Finanzierung des Trainingslagers der Nationalmannschaft in Schweden dienen sollte, um die Auswahl auf die unmittelbar bevorstehende Weltmeisterschaft vorzubereiten, verging uns dann doch ein wenig die Feierlaune. Heinz Krügel zupfte Schneider kurz am Ärmel, dann zogen Sie sich in einen Nebenraum zurück.

Beide kannten sich schon als Kinder, spielten als Schüler und Jugendliche im sächsischen Planitz in einer Mannschaft Fußball, die nach dem Krieg sogar erster Ostzonen-Meister wurde. Dann trennten sich aber ihre Wege. Heinz Krügel schlug nach einer schweren Knieverletzung die Trainerlaufbahn ein, Günter Schneider wurde Funktionär. Sie hatten sich also schon lange auseinander gelebt. Unser Trainer herrschte Schneider an, er müsse jedem Spieler doch wenigstens 100 D-Mark geben. Wir hätten schließlich das Finale gewonnen. Nach ziemlich schäbigem Herumgefeilsche lenkte der dann endlich ein und zahlte uns aus. Später in Magdeburg erhielt übrigens jeder von uns für den Sieg 5.000 Mark der Deutschen Notenbank, wie die Ost-Mark zum damals bezeichnet wurde.

Das war aber nicht die einzige Peinlichkeit an diesem Abend. Schon als Schneider das schöne üppige Buffet sah, fragte er Mannschaftsarzt Dr. Heinz Eckardt, wer denn bitte dafür aufkommen sollte. Der Verband hätte für so etwas keine Devisen. Der holländische Hotelchef überspielte Schneiders Taktlosigkeit aber höflich. „Sie sind meine Gäste. Das Buffet ist ein Geschenk des Hauses an den neuen Europacupsieger." sagte er freundlich zu Heinz Eckhardt. All das steckten wir an diesem Abend letztendlich einfach weg, ließen Schneider links liegen und mit sich allein. Dass er mit nach Rotterdam gekommen war, hatte ohnehin noch einen anderen Grund. Am nächsten Morgen sollte er mit uns Auswahlspielern nach Schweden fliegen. Dort lief bereits die WM-Vorbereitung der Nationalmannschaft mit Georg Buschner. Kurz nach Mitternacht, die Feier hatte gerade erst vor einer Stunde begonnen, verlangte Schneider dann, dass wir WM-Kader zu Bett gehen. Axel Tyll glaubte zuerst, sich verhört zu haben. Er reagierte ziemlich eindeutig, auch wir anderen: Martin Hoffmann, Wolfgang Seguin, Jürgen Pommerenke und ich.

Der Kerl wollte uns wirklich wie Kinder ins Bett schicken, damit wir am nächsten Tag nicht auf der Schulbank einschliefen! Schneider hatte offensichtlich über die Jahre als Sportfunktionär vergessen, dass es auch bei Sportlern Stunden gibt, in denen der nächste Morgen das Unwesentlichste auf der Welt ist. Heinz Krügel hatte jetzt wohl endgültig die Nase voll. Er verließ schon um ein Uhr die Feier. In der Diskothek und auf den Zimmern ging es aber noch lange hoch her. Ich erinnere mich noch an den nächsten Morgen, der schon etwas Beklemmendes an sich hatte. Wir fünf Auswahlspieler sollten gleich nach dem Frühstück mit unserem Aufpasser Günter Schneider nach Schweden abreisen. Ganz schön perplex waren wir übrigens, als jeder von uns für den noblen Herrn eine Flasche Whisky in seinen Koffer packen musste, weil doch der Hochprozentige in Schweden so teuer war. Zum Frühstück im Hotel herrschte eine sehr gedämpfte Stimmung. Wir WM-Kader waren nicht nur von der nächtlichen „Zu-Bett-Geh-Geschichte" leicht „angesäuert". Auch deshalb, weil wir nicht mit nach Magdeburg zu den vielen Fans durften, die dort schon auf uns warteten, um mit der Mannschaft auf dem Rathausplatz zu feiern, verbreitete sich Unmut. Als ob es unsere WM-Chancen so arg geschmälert hätte, über Magdeburg in das Trainingslager nach Schweden zu fahren! Dann ging es los, zum Flughafen Rotterdam. Am Hotel-Ausgang saß „Zappel". Der hatte sich extra, weil er uns unbedingt verabschieden wollte, nicht schlafen gelegt. Er wollte das halt nicht verpassen. Seinen übernächtigten Augen nach zu urteilen, konnte er uns aber wohl gar nicht mehr erkennen.

Wir waren schon sehr traurig, den Triumphzug auf dem Magdeburger Alten Markt, der sehr beeindruckend gewesen sein muss, nicht miterleben zu können. Das war, als ob ein Stück Gesamterfolg einfach fehlte! Aber dafür lud Heinz Krügel unsere Frauen zu Hause zum Kaffee ein. So war er halt, unser Trainer!

V. li. n. re.: **Christa, Silvia Pommerenke, Heinz Krügel, Karin Tyll, Hannelore Seguin**

Wir fünf waren also in Richtung WM-Trainingslager unterwegs, während sich unsere Mannschaft daheim nur mit Mühe den Weg durch die Menge auf die schnell improvisierte Ehrentribüne vor dem Rathaus bahnen konnte. Als Manfred Zapf den Pokal in den Himmel hob, brach ein unbeschreiblicher Jubel aus.

So schlimm es schon war, in Magdeburg nicht dabei sein zu können, noch schlimmer empfanden wir den sehr nüchternen Empfang im schwedischen DDR-Mannschaftsquartier. Wir wurden nicht gerade begeistert begrüßt. Vor allem die Spieler aus Jena hielten sich sehr zurück. Nur Joachim Streich, Jürgen Croy und „Hansi" Kreische gratulierten uns von Herzen. Man erzählte sich sogar, dass nach „Paule" Seguins 2:0 einige Spieler den Fernsehraum verlassen hatten. Mein Kumpel „Hansi" Kreische bestätigte mir das später.

In der Nationalmannschaft herrschte eine eigenartiges Rivalentum. Viele gönnten uns Magdeburgern den Triumph nicht. „Hansi" sagte später einmal dazu: „Für mich waren die Magdeburger Konkurrenten in der Meisterschaft, aber im Spiel gegen Mailand habe ich ihnen die Daumen gedrückt. Ich bin sicher, das hätte ´Spary` auch getan, wenn wir mit Dynamo Dresden im Finale gestanden hätten." Auch Trainer Georg Buschner hatte sich abfällig geäußert. Er soll sogar gesagt haben: „Gegen diese Rentnertruppe aus Mailand hätte ich auch noch mitspielen können." Ja, man kann im Leben eben nicht alles haben!

Manfred Zapf und Ulrich Schulze mit dem Europapokal beim Empfang in Magdeburg

Mit den Trophäen des 1. FC Magdeburg in der Spielsaison 1973/74

Der Weg zur WM

Unsere DDR-Auswahl musste sich in einer Gruppe gegen Rumänien, Finnland und Albanien für die WM-Endrunde qualifizieren. Das Auftaktspiel gegen Finnland gewannen wir damals mit 5:0. Ich traf in dieser Partie zweimal und war auch im nachfolgendem Heimspiel gegen Albanien, noch dazu in Magdeburg, erfolgreich: Endstand 2:0. Weiter ging es zum vorentscheidenden Spiel gegen Rumänien nach Bukarest, das sich in Finnland mit einem mageren 1:1 einen Ausrutscher geleistet hatte. Ein Sieg wäre also für uns die halbe Miete in Richtung Weltmeisterschaft gewesen. Allerdings verloren wir 1:0 und mussten auf das Rückspiel in Leipzig hoffen. Vor dieser entscheidenden Begegnung spielten wir noch in Finnland und gewannen dort souverän mit 5:1. Am 26. September 1974 war es dann soweit. Wir schlugen die Rumänen vor 90 000 Zuschauern im Leipziger Zentralstadion mit 2:0, die jetzt also nur noch auf unsere mögliche Pleite in Albanien spekulieren konnten. Zwischenzeitlich gelang es ihnen mit einem 9:0 in ihrer letzten Partie gegen Finnland noch einmal, ihr Torverhältnis aufzubessern. Wir mussten also jetzt gegen Albanien unbedingt gewinnen. Der damals noch für Hansa Rostock spielende Joachim Streich sorgte für die schnelle Führung, doch die Albaner glichen überraschend wieder aus. Noch vor der Halbzeit gelang es jedoch Joachim Streich erneut, einen Führungstreffer für uns zu erzielen. In der zweiten Hälfte schoss dann Wolfram Löwe zum 3:1 ein, bevor ich mit einem vierten Tor alles klar machen konnte. Wir hatten es geschafft! Die DDR-Auswahl war zum ersten Mal bei Fußball-WM-Endrunde dabei!

Hier trifft Bernd Bransch nach Freistoß gegen Rumänen.

Die Vorfreude auf das bevorstehende Großereignis war nun im ganzen Land überall spürbar, aber keiner ahnte, dass die nachfolgende Gruppenauslosung in Frankfurt/Main, am 5. Januar 1974, im großen Sendesaal des Hessischen Rundfunks Sportgeschichte schreiben sollte. Weltweit wurde die Veranstaltung von rund 800 Millionen Menschen mitverfolgt. Ein großes Raunen ging durch die Zuschauermenge, als die Bundesrepublik mit uns in eine Gruppe gelost wurde. Zum ersten Mal sollte es also nun zu einem offiziellen Länderspiel zwischen den beiden deutschen Staaten kommen, noch dazu bei einer Weltmeisterschaft! Natürlich blinkten damals bei unseren DTSB-Funktionären sofort wieder alle Alarmleuchten! Nach außen gab man sich zwar gelassen, aber intern wurde ein enormer Druck auf den Fußballverband ausgeübt. Dieser Losentscheid war ein Politikum. Nicht nur unter den Fußballinteressierten in Ost und West war er wochenlang das Thema Nummer eins. Überall, wo man hinkam, war das kommende deutsch/deutsche Duell in aller Munde.

Unsere weiteren Gegner sollten Australien und Chile werden. Spiele gegen Chile bargen in jener Zeit ebenfalls viel politischen Zündstoff, hatte es doch dort im September 1973 einen Militärputsch gegeben, der die gewählte Regierung des Sozialisten Salvador Allende zu Fall brachte. Die daraus resultierenden Proteste aus aller Welt belasteten auch die bevorstehende Fußball-Weltmeisterschaft. Rufe nach einen Boykott und sogar nach einem Ausschluss des WM-Gastgebers von 1962 wurden laut. Natürlich ein „Heißes Eisen" für unsere Funktionäre, denn die DDR solidarisierte sich ja mit der Allende-Regierung. Von Ausschlussforderungen wurde sich jedoch distanziert. Schließlich sollte die erste Teilnahme an einer Fußball-Weltmeisterschaft nicht in Gefahr geraten.

Vom Trainingslager in die Vorrunde

Zur Vorbereitung auf die Fußball-Weltmeisterschaft 1974 in der Bundesrepublik in Schweden hatte Trainer Georg Buschner ein hartes Konditionstraining für uns angesetzt. Über Rotterdam wurde nicht mehr viel geredet. Die Tatsache, dass mehr Spieler in den Kader berufen worden waren, als zum WM-Turnier mitfahren konnten, sollte wohl den Konkurrenzkampf unter uns anzuheizen. Dann stand aber das Aufgebot. Bis auf eine Position! Wolfgang Seguin und Axel Tyll mussten in einem letzten Belastungstest um den noch offenen Platz im Mittelfeld kämpfen. Ich konnte dabei gar nicht hinsehen. Letztendlich waren beide ja meine Clubkameraden. Buschner entschied sich dann für Wolfgang Seguin. Axel war natürlich sehr enttäuscht, aber wir Magdeburger versuchten, ihm so gut es ging beizustehen. Auch Wolfgang war hin und her gerissen. Natürlich wollte er zur WM, aber nicht, wenn ein Mannschaftskamerad dafür nach Hause fahren musste. Die Entscheidung war aber gefallen. Es ging in die Bundesrepublik.

Da wir die Vorrunde zweimal in Hamburg spielen sollten, schlugen wir unser Quartier im schleswig-holsteinischen Quickborn auf. Hier wohnten wir in einem sehr idyllisch gelegenen Hotel, auch die Trainingsmöglichkeiten waren hervorragend. Ich denke heute noch gern an unseren Aufenthalt dort zurück. Wir hatten fast täglich Besuch von den einheimischen Fußballfans. Die wollten Autogramme von uns Spielern und sich das Training anschauen. Es gab in Quickborn übrigens keinen Sperrzaun, wie in Malente! Für die entsprechende Sicherheit waren Beamte des Bundesgrenzschutzes zuständig. Im Umgang mit uns waren sie nicht nur sehr höflich und akkurat, sondern auch sehr locker.

Am 14. Juni wurde es dann ernst. Im Hamburger Volksparkstadion trafen wir mit Australien auf unseren ersten Gegner. Dieser, ebenfalls ein WM-Neuling, spielte äußerst kampfstark. Wir brauchten fast eine Stunde, um in Führung zu gehen.

Autogrammwünsche von Fans werden von mir gern erfüllt.

In der 58. Minute setzte ich mich gegen die kantige australische Abwehr durch und schob den Ball am herauseilenden Torwart vorbei ins Netz zum 1:0. Dieses Tor wurde später in ein Eigentor eines australischen Abwehrspielers umgewandelt. Das ärgerte mich schon sehr. Wenn man heute die Fernsehbilder betrachtet, dann weiß man warum: Bevor der Verteidiger den Ball ins Netz schlägt, hatte der Ball die Torlinie bereits überquert. Achim Streich gelang später dann noch das 2:0. Ein gelungener Auftakt, wir konnten also zufrieden sein.

Die Bundesrepublik spielte am gleichen Tag im Berliner Olympiastadion gegen Chile. Der Gastgeber bestritt allerdings eine schwaches Partie, in der nur Paul Breitner ein Tor zum 1:0 erzielen konnte. Nur Demonstranten, die das Spiel wegen des Putsches von 1973 störten, sorgten für Aufsehen. Als wir dann gegen Chile antreten mussten, hätte das auch sehr brisant werden können, da seinerzeit viele Exil-Chilenen in der DDR Asyl erhalten hatten. Die Begegnung ging aber ohne Zwischenfälle über die Bühne. Wir wollten unbedingt gewinnen und uns damit schon vor dem Spiel gegen die BRD für die zweite Runde der WM qualifizieren. Martin Hoffmann brachte uns zwar mit 1:0 in Führung, Chile glich aber schnell wieder aus. Unterdessen war die Bundesrepublik durch einen 3:0-Sieg gegen Australien bereits in der Zwischenrunde.

Alles blickte jetzt auf das deutsch-deutsche Aufeinandertreffen am 22.Juni in Hamburg.

Zweikampf- und Torszenen vom Spiel gegen Chile in Berlin

Mein 1:0 gegen Australien

Nach dem Wechse(l) lief das DDR-Spiel

**Schwer erkämpfter 2:0-Sieg über Australien
Sparwasser und Streich schossen die Tore**

DDR: Croy–Kische, Bransch, Weise, Wätzlich, Sparwasser, Irmscher, Pommerenke, Löwe, Streich, Vogel.
Australien: Reilly – Utjesenovic, Schäfer, Wilson, Curran, Richards, Mackay, Rooney, Warren, Alston, Buljevic.
Schiedsrichter: N'Diaye (Senegal).
Auswechslung: Ab 53. Hoffmann für Löwe.

Der Start in das X. Fußballweltmeisterschaftsturnier brachte der Nationalmannschaft der DDR am Freitagabend im Hamburger Volksparkstadion die ersten beiden Punkte. In ihrem ersten Vorrundenspiel der Gruppe I bezwangen die Spieler um Kapitän Bernd Bransch vor 18 000 Zuschauern, unter ihnen etwa 1 500 Fußballanhängern aus der DDR, den Außenseiter Australien mit 2:0 (0:0)

und schufen sich damit eine Ausgangsposition für die an beiden Begegnungen der ersten Finalrunde am kommenden Die in Westberlin gegen Chile und 22. Juni erneut in Hamburg die BRD.

Sparwasser erzielte nach 57 M ten den ersten Treffer, als er einem Paß von Pommerenke auf das australische Tor zulief dem herausstürzenden Schluß Reilly keine Chance ließ. C wollte den Ball noch von der holen, schlug ihn jedoch nur vollends in das Tor. Nach 70 M ten stellte Streich mit einem u baren sehenswerten Schuß un Torlatte nach Vorarbeit von merenke, Sparwasser und Vog DDR-Erfolg endgültig sicher.

*Hamburg, Fußball-WM: Erstes Training der DDR-Nationalmannschaft unter Flutlicht im WM-Stadion. Jürgen Sparwasser schießt auf das Tor von Jürgen Croy; im Hintergrund: R. Schnuphase, J. Pommerenke, W. Friese.
Aufn.: ZB/Mittelstädt*

...nlich starke Leistung wie gegen Australien erhofft sich heute gegen Chile die Fußballgemeinde unserer Repu ...rgen Sparwasser. In dieser Szene bahnt sich das 1:0 für die DDR an. Torhüter Reillys Abwehrversuch bleibt c
Foto: Kror

Viele Chance(n) nicht genutzt

**Hoffmann sorgte für 1:0-Führung der DDR
Chile kam noch auf und erreichte 1:1**

DDR: Croy – Kische, Bransch, Weise, Wätzlich, Sparwasser, Irmscher, Seguin, Hoffmann, Streich, Vogel.
Chile: Vallejos — Garcia, Figueroa, Quintano, Arias, Valdes, Paez, Reinoso, Socias, Ahumada, Veliz.
Schiedsrichter: Aurelio Angonese (Italien).
(Auswechslungen: ab 29. Ducke für Vogel, ab 73. Kresche für Seguin. – Ab 46. Yavar für Valdes, ab 67. Farias für Socias.)

tagabend vor 30 000 Zuschau Westberliner Olympiastadio Chile 1:1 (0:0) unentschie verfügt nach dem 2:0-Sieg Australien nun über 3:1 Die Würfel fallen jetzt in c gegnungen zwischen dem Favoriten BRD, der berei Runde der letzten acht Man ten erreicht hat, und der D sowie zwischen Chile und lien.

Die besten Noten in de Mannschaft verdienten sich Bransch als Organisator der Sparwasser als offensiver feldspieler sowie Hoffman Vogel bis zu seinem Ausse

Halberstadt

Am Sonntag, dem 22. Juni 1974, meinte es der beginnende Sommer, wie überall in Deutschland, auch mit den Einwohnern meiner Heimatstadt sehr gut. Doch dieser Tag war für viele ein ganz besonderer, erzählte man mir später. Nicht nur die Fußballfans redeten seit Tagen fast ausschließlich über das bevorstehende Spiel. Wie in ganz Deutschland, waren die Straßen leer gefegt. In den Gaststädten rund um den Halberstädter Domplatz und in den Vereinslokalen bildeten sich große Menschentrauben vor den Fernsehern. Viele behielten ihre Erwartungen und Hoffnungen, was den Ausgang des Spieles angeht, lieber für sich und sagten nichts, um sich nicht öffentlich zu blamieren. Noch dazu stand da ja noch ein Halberstädter, der einst für Lok in der Schüler – und Jugendmannschaft Tore geschossen hatte, auf dem Rasen. Was für ein Zwiespalt!

Mein Bruder Diethard machte sich am Nachmittag auf den Weg zu unseren Eltern. Er wollte sich den Fußball-Krimi gemeinsam mit ihnen anschauen. Bereits Wochen vorher hatte er mit 22 Arbeitskollegen den Antrag auf eine Reise zum Spiel nach Hamburg gestellt, doch wenige Tage vorher kam natürlich die Absage. Das Kartenkontingent sei begrenzt, hieß es im Schreiben der SED Bezirksleitung. Mein Bruder hatte damit gerechnet. Es blieb ihm also nichts weiter übrig, als es sich mit meinen Eltern vor dem Fernsehgerät gemütlich zu machen und auf diese Weise das Spiel zu verfolgen. Das Fußball-Interesse meiner Mutter hielt sich allerdings in Grenzen. Nur wenn ich auf dem Bildschirm zu sehen war, setzte sie sich mit in das Wohnzimmer und schaute ein paar Minuten zu.

Familie Sparwasser 1974 – v. li. n. re.: Vater, Mutter, Christa, Silke, ich und mein Bruder

Mannschaftssitzung

Nachdem Georg Buschner uns noch in Quickborn um sich versammelt hatte, nahm er seine Taktik-Skizze und setzte sich neben mich. „Jürgen, du hast heute zwei Aufgaben zu lösen: Du musst versuchen, deinen Gegenspieler Schwarzenbeck aus dem Deckungszentrum heraus zu locken, damit wir Räume gewinnen, in die du mit deiner Schnelligkeit wieder hineinstoßen kannst. Keine unnötigen Zweikämpfe mit diesem kantigen Verteidiger eingehen, das kann immer zu Blessuren oder Verletzungen führen!" Der Trainer machte eine Pause und lehnte sich zurück. Dann schaute er wieder auf und fuhr fort: „Die zweite Aufgabe, Jürgen, ist weitaus schwieriger zu lösen. Aber du schaffst das! Du musst schon in der gegnerischen Hälfte den Beckenbauer, wenn er zu seinen Vorstößen ansetzt, attackieren, ihn aber auch bis in unsere Hälfte verfolgen und am Passspiel hindern oder stören!" Buschner wollte ein Heraustreten unseres eigenen Liberos vermeiden. Bernd Bransch sollte vielmehr Lücken in der Abwehr schließen und auf den „Bomber" Gerd Müller achten.

Buschner war davon überzeugt, dass ich meine Aufgabe lösen konnte. Schließlich hatte ich gute Athletik-Werte! Die 100 Meter lief ich zwischen 11,0 und 11,2 Sekunden und auch über 3 000 und 5 000 Meter erzielte ich mit die besten Zeiten in der Mannschaft. Jetzt zog der Trainer seine Augenbrauen leicht nach oben: „Natürlich, diese taktische Aufgabe kann unsere Offensivkraft schwächen. Aber wenn es uns nicht gelingt, die Kreise von Beckenbauer und Müller einzuengen, haben wir keine Chance!" Er hatte aber noch eine weitere wichtige Anweisung für uns: „Es gibt noch eine dritte Säule in der gegnerischen Elf, und die ist Wolfgang Overath. Er ist nicht nur Spielmacher, sondern wird auch torgefährlich! Auch den Spielraum des Kölners müssen wir einengen!" Diese Aufgabe sollte mein Freund Reinhard Lauck lösen. Der war bisher bei der Weltmeisterschaft noch nicht zum Einsatz gekommen, galt aber als besonders lauf- und zweikampfstark.

In unsere Mannschaftssitzung platzte nun ein Betreuer. Er verkündete das Ergebnis aus dem anderen Gruppenspiel. Chile und Australien hatten sich 0:0 getrennt. Damit hatten wir die angestrebte zweite Finalrunde nach dem 2:0 gegen Australien und dem 1:1 gegen Chile bereits erreicht. Unabhängig davon, wie die bevorstehende Partie am Abend ausgehen sollte. Jetzt war die Freude bei uns natürlich sehr groß. Wir hatten das Ziel, in die Zwischenrunde zu kommen, erfüllt und konnten jetzt frei aufspielen. Wie vor jeder Begegnung trank ich einen starken Mokka. Dann machte ich einen Spaziergang durch das weitläufige Trainingsgelände der Sportschule in Quickborn, um innere Ruhe zu finden. Jeder von uns bereitete sich anders auf das Spiel vor. So legten sich einige schlafen, andere aßen noch eine Kleinigkeit oder man spielte Karten. Bei mir jedenfalls löste ein halbstündiger Spaziergang immer die Anspannung. Es fiel mir einfach leichter, mich auf die bevorstehenden 90 Minuten zu konzentrieren. Dann folgte das Übliche: Mit der Sporttasche in den Bus, auf meinen Platz neben Hans-Jürgen Kreische, ein kurzer Blickkontakt mit dem Trainer, der sich routinemäßig zu uns umsah, und sich mit einem „Alles klar, Männer?" neben Co-Trainer Kurt Holke aus Magdeburg setzte. Dann gab er das Zeichen zur Abfahrt.

Unsere Delegationsleitung hatte übrigens ein paar Tage zuvor bei unserer Anreise abgelehnt, in einen bereitgestellten Bus einzusteigen, bei dem ihrer Meinung nach unser Wappen nicht korrekt abgebildet war. An den Längsseiten war das ja in Ordnung, aber an Bug und Heck glänzte schwarz-rot-gold unterlegt kein DDR-Wappen, sondern der angeschraubte Mercedes-Stern. Wir hatten das zuerst gar nicht bemerkt. Rückblickend, 20 Jahre nach dem Mauerfall, ist das beinahe zum Lachen. Wir Spieler konnten damals schon das Schmunzeln kaum verbergen. Jeder von uns wusste ja aus zahlreichen Länderspielen, wie empfindlich unsere Funktionäre um Präsident Günter Schneider waren.

Während der Fahrt zum Volksparkstadion herrschte unter uns eine gelöste Stimmung. Es wurde sogar gesungen. Trainer Georg Buschner hat später einmal gesagt, dass er sich nicht erinnern kann, jemals eine Mannschaft trainiert zu haben, die vor einem Spiel so freudig und gelöst wirkte, eine Nationalmannschaft schon gar nicht.

Das Volksparkstadion war schon mit 60 000 Zuschauern bis auf den letzten Platz ausverkauft, als wir uns warm machten. Hinzu kamen Millionen „Wessis" und „Ossis" und viele Menschen vor den Fernsehbildschirmen und Radioempfängern in aller Welt, die Zeuge sein wollten, wenn sich die besten Fußballer der beiden deutschen Staaten ihr „Bruder-Duell" liefern – und das auch noch bei einer Weltmeisterschaft auf deutschem Boden. Nur ein Spiel, oder war es vielleicht doch mehr? Dann erklangen erstmals nacheinander die beiden Hymnen. So etwas hatte ich auf diese Art noch nie erlebt. Keiner von uns konnte sich wohl vor einer gewissen Ergriffenheit verschließen, als wir sie hörten. Ich bekam beim Zuhören eine richtige Gänsehaut! Als das angespannte Innehalten endlich ein Ende hatte, drückten sich die Kapitäne Franz Beckenbauer und Bernd Bransch die Hand und überreichten sich die Mannschaftswimpel. Man wechselte noch ein paar freundliche Worte. Alle waren jetzt für das Spiel bereit. Es konnte es losgehen.

Das Duell

Bereits die ersten Minuten zeigten, dass es zwischen unseren Mannschaften kein Abtasten geben würde. Es ging direkt zur Sache. Ich tauchte erstmals vor dem Tor von Sepp Maier auf, und auch Lauck verzog aus spitzem Winkel nur sehr knapp. Von einer Defensivtaktik, die man von uns erwartet hatte, konnte keine Rede sein. Auch der Gegner startete erste Angriffe auf unser Tor, in dem der Zwickauer Jürgen Croy stand. Tatsächlich zeigte sich schon in der ersten halben Stunde, dass die Taktik von Georg Buschner aufgehen könnte. Das Kombinationsspiel der Bundesdeutschen wollte einfach nicht in Gang kommen. Unser enormes Laufpensum und die schon frühen Attacken in der gegnerischen Hälfte unterbrachen immer wieder den Spielaufbau von Beckenbauer und Overath. Dann kam die 30. Minute. Lauck schoss von linksaußen scharf und flach nach innen auf „Hansi" Kreische. Der stand völlig frei drei Meter vor dem Tor, konnte aber den Ball nicht voll kontrollieren und somit erfolgreich abschließen. Ein Raunen ging da durch das Stadion. Unsere Führung wäre zu diesem Zeitpunkt alles andere als unverdient gewesen. Beckenbauer gestikulierte lautstark. Jeder im Stadion spürte, wie nervös der Favorit aufspielte. In der 40. Minute löste sich Gerd Müller von seinem „Schatten" Konrad Weise. Jürgen Croy hätte keine Chance gehabt, doch Müllers Schuss traf nur den Pfosten. Dann kam der Halbzeitpfiff. Erste Pfiffe von den eigenen Fans begleiteten die Gastgeber in ihre Kabine. Das war ein gutes Zeichen für uns.

Von den Halberstädtern erfuhr ich später, dass sich Vater und Diethard danach entspannt und zufrieden in ihre Sessel zurückgelehnt haben. „Wir halten gut mit!", kam von Diethard, und Vater bemerkte: „Jürgen ist gut drauf!" Während beide dann einen Schluck Apfelwein tranken, soll Mutter eher besorgt gewesen sein: „Hoffentlich verliert der Junge nicht, er nimmt sich das immer so zu Herzen!" Trainer Buschner wurde in der Kabine nicht müde, unsere Mannschaftsleistung zu loben. „Weiter so, nicht nachlassen, weiter so! Der Gegner wird jetzt versuchen,

das Tempo zu erhöhen. Wir bleiben bei unserer Linie!" Dabei schaute er uns aufmunternd in die Augen. Wir Spieler feuerten uns noch einmal gegenseitig an, dann ging es wieder hinaus auf den Platz.

Wie erwartet, versuchte die Beckenbauer-Elf das Heft in die Hand zu bekommen. Doch nach 20 Minuten wurde klar, das wird kein Tag für die Bundesdeutschen. Trainer Helmut Schön reagierte und holte Schwarzenbeck und Overath vom Feld. Diese Auswechslungen sagten etwas über unsere Leistungen als Gegenspieler aus. Schwarzenbeck hatte mich einfach nicht in den Griff bekommen. Er war mir über das ganze Feld hinterhergehetzt, aber ich ließ mich kaum stellen. Auch Spielmacher Wolfgang Overath konnte seinen Bewacher Reinhard Lauck nicht abschütteln, die Sturmspitzen Hoeneß und Müller warteten vergeblich auf präzise Pässe. Für Schwarzenbeck kam der Bremer Höttges, die Position von Overath nahm der seit einem Jahr bei Real Madrid spielende ehemalige Gladbacher Günter Netzer ein.

Netzers Stern in der Nationalmannschaft war schon vor zwei Jahren bei der Europameisterschaft in Belgien und in den Qualifikationsspielen gegen England aufgegangen. Wolfgang Overath war damals verletzt. Die Achse Beckenbauer – Netzer – Müller spielte den wohl attraktivsten Fußball des Jahrgangs 1972 in Europa und vielleicht sogar in der Welt.

Doch das war Vergangenheit. Hier und heute, am 22. Juni 1974, fand der Favorit einfach nicht zu seinem Spiel. Wir waren hervorragend eingestellt und wollten natürlich auch zeigen, dass der Fußball in der DDR viel besser war als sein Ruf. Die Einwechslungen zeigten also keine Wirkung. Günter Netzer konnte das verfahrene Spiel seiner Elf nicht mehr ordnen, und schließlich war ja auch noch Reinhard Lauck auf dem Platz, der schon Overath zermürbt hatte und sich nun an Netzer ranhängte. Ein paar Minuten zuvor hatten auch wir gewechselt. Für den Jenaer Harald Irmscher schickte Georg Buschner Erich Hamann in die Partie. Der spielte bei Vorwärts Frankfurt/Oder im defensiven Mittelfeld oder auch in der Abwehr. Diese Auswechslung sollte Folgen haben, denn nach 13 Minuten bekam er noch in der eigenen Hälfte den Ball, schaute sich um, suchte einen Mitspieler. Ich startete aus der Tiefe des Raumes, Hamann schlug zu mir einen 30 Meter-Pass, direkt in den Lauf. Jetzt kam mein Antritt, vorbei an Höttges als auch Berti Vogts. Auch Beckenbauer konnte nicht mehr eingreifen. Plötzlich stand nur noch Torwart Sepp Maier vor mir. Ich täuschte einen Schuss an und Maier reagierte zu früh. Als ich abzog, lag Maier schon am Boden. Nun hatte ich freie Bahn! Tor! 1:0! Ich riss die Arme hoch, schlug einen Purzelbaum. Dann kamen die anderen, ich wurde von ihnen fast erdrückt, so groß war die Freude!

Die rund 1 500 ausgesuchten Schlachtenbummler aus der DDR, die sich das Spiel in Hamburg angucken durften, jubelten und fielen sich um den Hals. Bei den restlichen 58 000 Zuschauern war eher ein Schockzustand eingetreten. Sie schwiegen und schüttelten den Kopf, wie auch die westdeutschen Spieler. Ich hatte damals keine Ahnung, dass ich in jener 78. Spielminute ein Stück Fußballgeschichte geschrieben hatte. Als das Spiel zwölf Minuten später abgepfiffen wurde, war die Sensation perfekt. Wir lagen uns alle in den Armen, während die Bundesdeutschen enttäuscht und unter Pfiffen in die Kabine gingen.

Als auch wir den Platz verlassen wollten, stürzte eine Schar von Reportern und Fotografen auf mich zu. Ich konnte mich ihrer kaum erwehren. Anfangs versuchte ich auszuweichen, aber das war zwecklos. Sie hatten mich eingekesselt. Schließlich blieb ich stehen und beantwortete ihre Fragen. Irgendwann kam ich aber dann doch weg. Am Aufgang standen Paul Breitner und Wolfgang Overath. Als ich auf sie zu kam, fragte mich Breitner, ob wir das Trikot tauschen wollten. Ich zog meines aus und gab es ihm, Breitner schenkte mir seines. Mit einem Handschlag verabschiedeten wir uns. Dann, endlich in der Kabine, war die Stimmung unbeschreiblich. Berti Vogts kam rein und stellte eine Kiste mit den Trikots seiner Mannschaft hin. Ohne ein Wort nahm er dann jene, in der unsere lagen und ging wieder. Auch auf der Rückfahrt nach Quickborn waren wir ähnlich ausgelassen wie zuvor auf dem Weg zum Spiel. Bei der Ankunft im Hotel applaudierte uns das Personal. Einige Spieler wollten nun den Sieg auf der Reeperbahn feiern. Ich fragte also einen Grenzschutzbeamten. Der aber sagte nur: „Sie können nicht mit! Wenn die Presse sie dort entdeckt, bekomme ich mit meinem Job ein Problem!" Ich glaube, da begann mir das Tor, gerade erst erzielt, schon das erste Mal zu schaden. Ich nutzte den Abend noch, um natürlich meine Christa in Magdeburg anzurufen.

Zu Hause bei den Sparwassers herrschte Hochstimmung Diethard und Vater haben in Halberstadt mein Tor natürlich bejubelt. „Das gibt es doch nicht!", soll Vater gerufen haben. „Jetzt können sie gewinnen!", so mein Bruder. Auch Mutter konnte es gar nicht glauben: „Heute ist doch ein besonderer Tag!" Gegen sonstige Gewohnheiten wurde noch eine Flasche Apfelwein aus dem Keller geholt.

In Magdeburg, am Olvenstädter Platz, durfte damals meine fünfjährige Tochter Silke ausnahmsweise auch noch nach dem Sandmännchen fernsehen. Immer wenn die Kameras auf mich hielten, rief sie ganz aufgeregt: „Mutti, da ist Papa!" Doch in der Halbzeit fielen ihr die Augen zu, und Christa brachte sie ins Bett. Nach dem Abpfiff klingelten dann die Nachbarn, um mit einer Flasche Wein zu gratulieren. Christa hätte ohnehin vor Aufregung nicht schlafen können.

Mit Freude über den Erfolg rief ich Christa von Quickborn aus an.

Die schwere Gruppe

Während bei uns in Quickborn ausgelassene Stimmung herrschte, ging im nur wenige Kilometer entfernten Malente bundesdeutscher „Katzenkammer" um. Dort führte die Niederlage in der folgenden Nacht zu einer heftigen Aussprache. Nach Aussage von Kapitän Franz Beckenbauer soll damals aus einem zerstrittenen Haufen eine Einheit geworden sein. Da gab es richtigen Ärger in der Truppe. Wie später bekannt wurde, flogen heftig die Fetzen. Die Stimmung im Trainingslager in Malente war sowieso nicht die beste. Von „Lagerkoller" und von einem Prämienstreit war die Rede. Bundestrainer Helmut Schön und seinem Assistenten Jupp Derwall drohte die Mannschaft zu zerfallen. Sepp Maier und Uli Hoeness stahlen sich nachts sogar heimlich aus der schwer bewachten Sportschule, in der Ratlosigkeit und Niedergeschlagenheit herrschte. Dann aber übernahm Franz Beckenbauer das Zepter, trat seinem Trainer zur Seite und verhinderte ein Auseinanderbrechen der Mannschaft. Aber die Niederlage gegen uns hatte auch etwas Gutes! Während wir jetzt in der Zwischenrunde gegen den Titelverteidiger Brasilien, die starken Holländer und gegen Argentinien antreten mussten, traf die Bundesrepublik „nur" auf Schweden, Jugoslawien und die Polen.

Unser nächster Gegner in Hannover war dann also Weltmeister Brasilien. Georg Buschner verstärkte dafür mit Lothar Kurbjuweit aus Jena unsere Defensive, aber trotzdem wollte uns in diesem Spiel nicht viel gelingen. Auch den Brasilianern fiel in unserem Strafraum nicht viel ein. Allein Kapitän Rivelino überwand Jürgen Croy im Tor mit einem direkt verwandelten Freistoß. Das Trikot des Torschützen hat heute übrigens einen Ehrenplatz in meinem Haus.

Mein Trikot-Tausch mit Rivelino, einem der weltbesten Fußballer aller Zeiten

Bild oben:
Zweikampf mit Luis Pereira

Bild in der Mitte:
Rivelinos Freistoßtor,
der 1:0-Siegtreffer für Brasilien

Bild unten:
Pereira klärt durch Hecht-
kopfball vor mir auf der Linie.

**Oben:
Das Trikot von Rivelino**

**Darunter:
Der holländische Wimpel
und das Trikot von Suurbier**

Fünf Flaschen Whisky

Nach diesem Spiel wechselten wir das Quartier. Wir zogen um, nach Ratingen, einem Vorort von Düsseldorf. Im benachbarten Gelsenkirchen sollten unsere beiden nächsten Spiele gegen die Niederlande und Argentinien ausgetragen werden. Während des Fluges von Hamburg nach Düsseldorf hatte Hans-Jürgen Kreische dann eine auf den ersten Blick ganz harmlose Begegnung, die später leider für seine sportliche Laufbahn schwere Folgen haben sollte.

Neben ihm hatte ein Mann mit Hamburger Dialekt Platz genommen. Der stellte sich als Hans Apel vor und gab zu verstehen, dass ihn Fußball sehr interessieren würde. Beide kamen also ins Gespräch. Kurz vor der Landung fragte Apel dann: „Na, was denken sie, wer wird denn nun Weltmeister?" „Hansi" antwortete: „Natürlich die Bundesrepublik!" Apel lachte laut: „Niemals! Niemals! Wenn das wirklich so kommen sollte, junger Mann, schicke ich ihnen fünf Flaschen Whisky nach Dresden!" In Düsseldorf gelandet, verabschiedeten sich beide dann voneinander. Hans Apel wünschte für das Turnier noch weiter viel Glück.

Die Weltmeisterschaft war längst vorüber, als in der heimischen Dynamo-Geschäftsstelle ein Paket für Hans-Jürgen Kreische eintraf – Absender: Bundes-Finanzminister Hans Apel, Hamburg. Wie versprochen, hatte der nach dem WM-Sieg seiner Mannschaft fünf Flaschen Whisky der edelsten Sorten nach Sachsen gesandt. Dazu natürlich noch ein freundliches Schreiben, bezogen auf sein Versprechen, das er „Hansi" während des Fluges von Hamburg nach Düsseldorf gegeben hatte. Die verantwortlichen Dynamo-Funktionäre hatten jetzt nur noch eine Frage: „Wie stehst`n du dazu?"

Für „Hansi" begann danach eine sehr schwere Zeit. Noch heute findet er nicht wirklich amüsant, welche Folgen diese Episode für ihn hatte: „Das Schlimmste für mich daran war doch, von den Leuten nahm mir keiner ab, dass ich tatsächlich nicht wusste, wer Hans Apel war. Woher denn aber? Ich habe mich nie sonderlich für Politik interessiert, und bei uns in Dresden konnte man kein West-Fernsehen empfangen. Nur da hätte ich den Mann ja vielleicht mal sehen können. Apel war für mich ein Passagier, wie jeder andere auch. Jedenfalls merkte ich bald, dass man in der Nationalauswahl nach dieser Geschichte immer öfter auf mich als Spieler verzichtete. Schließlich durfte ich dann 1976 nicht an den Olympischen Spielen von Montreal teilnehmen. Sportliche Gründe konnte es dafür aber nicht gegeben haben. Ich wurde in diesem Jahr mit Dresden DDR-Meister und noch dazu mit 24 Treffern Torschützenkönig. Sechs Spieler aus Dresden wurden nominiert, nur ich nicht. Buschner druckste nur herum, wenn es um mich ging. Erst später sickerte durch, dass fünf Flaschen Whisky der Grund gewesen waren."

Bild oben:
Vor dem Spiel gegen
Argentinien in Gelsenkirchen

Bild unten:
Leider kam ich bei dieser
Angriffsaktion zu spät.

Herzlicher Empfang der WM-Mannschaft bei unserer Ankunft in Berlin-Schönefeld

WM-Abschluss

Unser nächster Gegner während der Weltmeisterschaft waren die Niederländer. Sie, als heimlicher Favorit gehandelt, machten gleich in ihrem ersten Spiel mit Argentinien kurzen Prozess und gewannen 4:0. Auch wir mussten zwar bereits in der 8. Minute durch Johann Neeskens das erste Gegentor hinnehmen, hielten aber ansonsten gegen die „Oranjes" gut mit. In der zweiten Halbzeit gelang ihnen dann noch ein zweites Tor zum 2:0-Endstand im Gelsenkirchener Parkstadion. Damit hatten wir keine Chance mehr, in das Halbfinale einzuziehen. Mit dem 1:1 im letzten Spiel gegen Argentinien belegten wir aber den dritten Platz in der Gruppe und wurden am Ende WM-Sechster. Für uns DDR-Fußballer war das damals ein Riesenerfolg. So ging es wieder nach hause.

Das Endspiel sah ich mir vor dem Fernsehgerät in Magdeburg an. Kurz nach Spielende klingelte es an der Wohnungstür. Der Postbote hatte ein Telegramm aus Bielefeld für mich. Jürgen Sparwasser, Magdeburg, keine Straße: „Jürgen, wir danken Dir, ganz Deutschland dankt dir! Freundliche Grüße! Striegl, Bielefeld", Christa und ich mussten damals schon leicht schmunzeln, als wir das lasen.

Ich war damals einer der wenigen Spieler, die alle sechs WM-Spiele mit bestritten konnten. Bei der Weltmeisterschaft 2002 in Japan und Südkorea wurde erstmals ein offizielles All-Star-Team der wertvollsten Spieler eines WM-Turniers gewählt. In einer inoffiziellen Wertung bestimmten Experten für jeden Mannschaftsteil die besten Spieler. Im Sturm wurden fünf Spieler genannt. Neben Cruyff die beiden polnischen Flügelstürmer Lato und Gadocha und die beiden deutschen Mittelstürmer Gerd Müller und Jürgen Sparwasser. Ich empfinde das heute noch als recht große Ehre. Es macht mich schon sehr stolz. 1974 wurde das Jahr, in dem mir dem Europacup-Sieg und der Teilnahme an der Fußball-Weltmeisterschaft der internationale Durchbruch gelang. Im weiteren WM-Turnierverlauf 1974 setzte sich die Bundesrepublik in der vermeintlich schwächeren Gruppe gegen Jugoslawien mit 2:0, gegen Schweden mit 4:2 und in der „Wasserschlacht von Frankfurt/Main" gegen Polen mit 1:0 durch und zog in das Finale. Im Endspiel behauptete sich der Gastgeber mit 2:1 gegen die Niederlande und wurde somit nach 1954 zum zweiten Mal Fußball-Weltmeister.

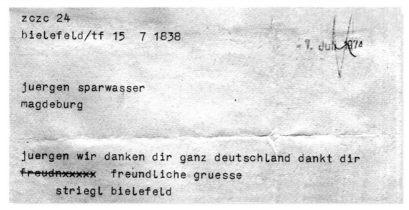

WM 74 Lange dem Weltmeister getrotzt

DDR–Brasilien 0:1 / Über weite Strecken gleichwertig / Vermeidbarer Gegentreffer

Brasilien: Leao — Ze Maria, Luis Pereira, Mario Marinho, Francisco Marinho, Rivelino, Dirceu, Paulo Cesar Carpegiani, Jairzinho, Valdomiro, Paulo Cesar Lima.

DDR: Croy — Kische, Bransch, Weise, Wätzlich, Kurbjuweit, Lauck, Hamann, Sparwasser, Streich, Hoffmann.

Schiedsrichter: Clive Thomas (Wales).

Auswechslungen: ab 46. Irmscher für Hamann, ab 65. Löwe für Lauck.

Die Fußball-Nationalmannschaft der DDR erlitt am Mittwochabend vor 60 000 Zuschauern im Niedersachsenstadion von Hannover nicht unerwartet die erste Niederlage im Verlauf der X. Weltmeisterschaft. Nach tapferer Gegenwehr und einer durchaus respektablen Leistung über weite Strecken der kampfbetonten Partie zogen die Spieler um Kapitän Bransch in ihrem ersten A-Gruppenspiel gegen den dreimaligen Weltmeister und Titelverteidiger Brasilien mit 0:1 (0:0) den kürzeren. Rivelino erzwang in der 61. Minute die Entscheidung, als er einen Freistoß von der 16-m-Linie scharf durch die zu locker gebildete DDR-Abwehrkette hindurch flach ins Tor schoß. Bis dahin hatte die DDR-Elf dem hohen Favoriten mit einer klugen taktischen Leistung die Stirn geboten.

26.6. Gelsenkirchen	Niederlande
26.6. Hannover	Brasilien
30.6 Gelsenkirchen	DDR
30.6. Hannover	Argentinien
3.7. Dortmund	Niederlande
3.7. Gelsenkirchen	Argentinien

Die brasilianischen Abwehrspieler Luis Pereira (links) und Ze Maria stoppen gemeinsam einen Angriff des Magdeburgers Jürgen Sparwasser. In den Zweikämpfen spielte der Titelverteidiger seine große internationale Erfahrung aus.

Trotz tapferer Gegenwehr mit 0:2 unterlegen

Fußball-Nationalmannschaft der DDR unterlag dem Favoriten Niederlande in Gelsenkirchen / Weise beeindruckte als Bewacher von Cruyff

rgentinien	4	0
DDR	1	0
ederlande	0	2
rasilien	1	2
rasilien	2	0
DDR	1	1

Niederlande: Jongbloed, Suurbier, Haan, Rijsbergen, Krol, van Hanegem, Jansen, Neeskens, Rep, Cruyff, Rensenbrink.

DDR: Croy; Kische, Bransch, Weise, Kurbjuweit, Lauck (63. Kreische), Sparwasser, Schnuphase, Pommerenke, Löwe (55. Ducke); Hoffmann.

Schiedsrichter: Rudolf Scheurer (Schweiz); Zuschauer: 70 000.

Für die Fußball-Nationalmannschaft der DDR war der WM-Favorit Niederlande am Sonntagnachmittag vor 70 000 Zuschauern im ausverkauften Parkstadion von Gelsenkirchen nicht unerwartet ein zu starker Gegner. Die Spieler um Kapitän Bernd Bransch verloren bei ständigem Regen auf einem tückisch glatten Rasen ihr zweites Zwischenrundenspiel des WM-Turniers gegen die „Oranjes" mit 0:2 (0:1). Die Niederländer sind damit dem am kommenden Sonntag im Münchner Olympiastadion stattfindenden Endspiel einen weiteren Schritt gekommen.

Hielt sich gegen Cruijff achtbar: Weise.

UEFA-Trick

Nach der Weltmeisterschaft konnte ich mich auf die neue Meisterschaftssaison in Magdeburg nur kurz vorbereiten. Trotzdem freute ich mich auf den baldigen Start in das neue Oberligajahr. Unsere DDR-Sportführung versuchte sich unterdessen in „Internationaler Regelkunde", um das von uns erspielte WM-Erfolgsimage, das 1:0 von Hamburg, so lange wie möglich aufrecht zu erhalten. Seit 1972 war es ja ein ungeschriebenes Gesetz, dass die europäische Fußballorganisation UEFA den beiden Siegermannschaften der Europapokalwettbewerbe antrug, zu Beginn der neuen Saison den „Supercup" auszuspielen. Dahinter steckten rein kommerzielle Ziele, denn sportlich erreichte der Cup nicht den Stellenwert eines Europapokalsieges. Im Jahre 1974 bekam er aber eine andere Dimension. Der FC Bayern München holte den Europapokal der Landesmeister und wir Magdeburger den Europapokal der Pokalsieger. Wir sollten also gegeneinander antreten. Die UEFA forderte nun, sich auf einen Spieltermin und einen neutralen Austragungsort zu einigen. Aus Magdeburg aber kam kein Signal, weil die DDR-Verbandsführung dem 1. FCM ein Spiel gegen Bayern München untersagt hatte. Unabhängig davon störte sie auch sehr, dass die UEFA direkt mit dem Verein verhandelte und nicht mit dem DFV der DDR. Für das Verbot gab es natürlich eine offizielle Version: Es sei schwierig einen passenden Termin zu finden! Angeblich behinderte das Spiel die Vorbereitung der Nationalspieler auf die bevorstehende Qualifikation zur Europameisterschaft und die Olympischen Spiele in Montreal. Die DTSB-Order an den Fußballverband war also unmissverständlich: „Ein solches Spiel ist politisch unerwünscht!" So kurz nach unserem WM-Sieg über den späteren Weltmeister BRD fürchteten die Genossen den Medienrummel um eine vielleicht geglückte Revanche. Eine Magdeburger Niederlage war für sie nicht akzeptabel. Dieses „Kaspertheater" interessierte die UEFA natürlich überhaupt nicht. Auch die Bayern wollten ja spielen. So reiste nach langem Hin und Her ein Vertreter der Europäischen Fußballunion persönlich zu uns nach Magdeburg. Der Mann, ein Jugoslawe, kam bei dem Gespräch mit unserer Vereinsführung gleich zur Sache. Die gab sich sehr zurückhaltend, die Angelegenheit war ihr ja doch äußerst peinlich. Schließlich rückte man mit der DTSB-Weisung heraus und erklärte, dass der 1. FCM im „Supercup" nicht antreten dürfe. Das hatte der UEFA-Gesandte nun doch nicht erwartet. Er wies noch einmal auf die finanziellen Vorteile eines „Supercup" hin. Alle Einnahmen würde man sich ja durch drei teilen. Doch selbst dieses Angebot ließ den DFV kalt. Man hatte ja genug Devisen! Hier zählten nur die politischen Interessen! Mit einem Bedauern verabschiedete sich der Jugoslawe, den Spielern aus dem Mannschaftsrat, Manfred Zapf und Ulli Schulze, sagte er aber deutlich, dass sich die UEFA das nicht bieten lassen würde. Nach einem Freilos für beide Mannschaften in der ersten Runde des Europapokals der Landesmeister könnte es vielleicht zu einem Aufeinandertreffen in der zweiten Runde kommen. Das hätte dann auch „Supercup"-Charakter. Tatsächlich kam es dann später auch so. Manipuliert oder nicht? Unser Trainer wollte nicht daran glauben, dass an der Auslosung gedreht wurde. Für mich jedoch war klar, dass es so viel Zufall eigentlich nicht geben konnte!

FC Bayern München

So sollten wir also dann in der zweiten Runde, zuerst auswärts in München, auf den 1. FC Bayern treffen. Wir sahen dem Spiel eigentlich gelassen entgegen. Nach Europapokalsieg und erneuter Meisterschaft trauten wir uns durchaus einen Sieg gegen den favorisierten Cup-Verteidiger zu. Aber plötzlich waren die Verbandsfunktionäre aus Berlin wieder da. Die wollten uns die politische Bedeutung der Begegnung klar machen. Fußballpräsident Schneider schien offenbar die Philosophie von Heinz Krügel überhaupt nicht mehr zu verstehen, der das alles nur mit: „Das ist ein wichtiges Spiel, aber es ist eben auch nur ein Fußballspiel!" kommentierte. Damit hielt er natürlich den Druck von uns Spielern fern, der sich von außen um uns aufbaute. Er nahm bewusst dafür in Kauf, dass ihm „mangelndes sozialistisches Verhalten" vorgeworfen wurde.

Aber auch in München ging der Rummel, den die Medien machten, nicht spurlos an den Bayern-Spielern vorüber. Ich habe ganz besondere Erinnerungen an diese Partie. Wie immer vor einem wichtigen Spiel, ging ich in der Parkanlage des Hotels allein spazieren. Als ich so in Gedanken versunken dahin schlenderte, sprachen mich plötzlich zwei Herren an. Sie stellten sich als Spieler-Vermittler vor, die mir das Angebot eines Bundesligavereins unterbreiten wollten. Ich entgegnete ihnen aber, dass ich mich gerade auf die Bayern-Partie vorbereite und auch nicht über einen Vereinswechsel nachdenke. Später erfuhr ich dann, dass es der 1. FC Köln gewesen war, der Interesse gezeigt hatte.

Am 23. Oktober 1974, einem recht verregneten Tag, 63 000 Zuschauer waren in das Münchner Olympiastadion gekommen, ertönte endlich der Anpfiff für das Hinspiel. Sofort versuchten die frisch gekürten Weltmeister im Bayern-Trikot, das Spiel zu diktieren, doch die erste Halbzeit hätte für uns nicht besser laufen können. Wir gingen mit einer 2:0-Führung in die Halbzeitpause. Martin Hoffmann und ich erzielten zum Entsetzen der Bayern-Fans die Tore.

Trotzdem kochte dann in der Kabine ziemliche Hektik hoch, obwohl es eigentlich gar keinen Grund dafür gab. So hatte ich unseren Trainer noch nie erlebt. Seine Haare standen wie unter Strom nach oben. Die Unruhe wollte einfach nicht weichen. Nach einer Weile sagte ich zu Manfred Zapf: „Ich muss hier raus, ich kann mir das nicht mehr anhören." Unser sehr cleveres Spiel und das Halbzeit-Ergebnis hatten uns wohl selbst überrascht. Auch einige andere Spieler setzten sich mit mir an den Rand des Entspannungsbeckens. Dann war die Pause endlich vorbei.

Darauf, dass hier jetzt die Post abgehen würde, waren wir ja vorbereitet, allerdings nicht auf den Elfmeter, den der Schiri gleich zu Beginn der 2. Hälfte völlig unberechtigt pfiff. Manfred Zapf war mit Uli Hoeneß unglücklich zusammengeprallt. So kamen die Bayern zu ihrem Anschlusstreffer – 2:1. Ab da gerieten wir leicht ins Schwimmen. Nach einem Foul schied auch noch Jürgen Pommerenke verletzt aus. Wäre das nicht passiert, davon bin ich heute fest überzeugt, hätten wir das Spiel nicht verloren, denn der spielte bis dahin sensationell. Am Ende verloren wir in München 3:2. Trotzdem war das für uns natürlich eine glänzende Ausgangsposition für das Rückspiel. Während der Fahrt zum Hotel waren wir damals alle etwas niedergeschlagen. Dort erwartete uns schon das Hotelpersonal.

Der Hoteldirektor bestätigte mir, dass wir eine Klasse-Partie gespielt hatten. Zur Entschädigung gab er mir die Schlüssel für die Minibar in zwei Zimmern, die wir räumen durften. Um den Ärger runterzuspülen, rief ich den Etagenkellner an. Er sollte uns vier Bier auf das Zimmer bringen. Kurz danach trat er dann auch mit vier kleinen Bieren an. Ich fragte ihn provozierend: „Gibt es denn in Bayern keine größeren Gläser?" Er lachte, wir allerdings nicht. Dann wollte er von uns wissen, ob es in Magdeburg eine günstige Unterkunft gäbe, denn er werde sich dort das Rückspiel ansehen. Bei mir klickte es. Wir wohnten ja hier in München im „Esso-Hotel". Ich antwortete ihm also: „Wenn Sie nach Magdeburg kommen, müssen sie sich nur im ´Minol-Hotel` melden." Jetzt war das Eis zwischen uns gebrochen. Wenige Minuten später war der Kellner mit einem neuen Tablett, vollgestellt mit zwölf halbe Liter-Gläsern Bier, wieder da. Wir wären also für die Nacht zum Kartenspiel bestens eingedeckt gewesen, aber leider kam es trotzdem noch zu einem Zwischenfall. Manfred Zapf, Wolfgang Seguin, Jörg Ohm und ich hatten ein Zimmer mit Durchgangstür. Wir spielten also in dem einem Zimmer, während aber der Schlüssel für die Minibar nebenan lag. Das muss ein anderer Spieler mitbekommen haben. Jedenfalls war der Schlüssel dann weg, und die Kontrolle der Zimmer vor der Abreise am nächsten Morgen ergab, dass alle Minibars fast leer waren. Mir war das natürlich äußerst peinlich, weil ich dem Hoteldirektor den Schlüssel ja noch wiedergeben musste. Als ich mich aber gerade dafür entschuldigen wollte, fiel er mir gleich ins Wort: „Ich bin schon informiert. Macht überhaupt nichts! Wir wünschen Ihnen und ihrer Mannschaft eine gute Heimreise und viel Glück für des Rückspiel." Ich war sehr erleichtert.

Beckenbauer und Meyer können nur noch zusehen, wie der Ball im Winkel einschlägt.

Das Rückspiel in Magdeburg stand unter keinem guten Stern. Zwar machte ich gegen den Sepp wieder mein Tor, aber die Münchner gewannen auch bei uns mit 2:1 und zogen eine Runde weiter. Allerdings sorgte nicht unsere deutlich schwächere Leistung, verglichen mit dem Hinspiel, damals für Gesprächsstoff. Es war vielmehr der vermeintliche Affront der Münchner gegenüber den Angestellten des Hotels „International", in dem die Bayern-Spieler übernachteten. Sie hatten ihren eigenen Koch mitgebracht und, als ob das nicht schon genug gewesen wäre, sie speisten auch noch im Bayern-Bus vor dem Hotel. Als wir das hörten, konnten nicht nur wir Spieler bloß noch den Kopf schütteln. Das war allerdings nur jene Version, welche man dem DDR-Bürger über die Ost-Medien aufgetischt hatte. Wie sich später zeigte, sah die Wahrheit ganz anders aus!

Sepp Maier und ich wurden 2009 nach Burg zu einer Podiumsdiskussion zum Thema: „20 Jahre Mauerfall" eingeladen. Da kam natürlich auch das einstige Rückspiel der Bayern in Magdeburg und der besagte Vorfall noch einmal zur Sprache. Sepp schilderte uns sehr glaubwürdig, was sich damals tatsächlich abgespielt hatte: Die Bayern nahmen immer, egal in welchem Land sie spielten, ihren Koch mit. Nach der Auslosung der Partie gegen uns standen zugleich auch die Spieltermine fest. Man setzte sich also mit dem Hotel „International" in Verbindung. Dort wollte der Club übernachten. In den Vorgesprächen wurde auch angefragt, ob man den Koch mitbringen dürfe. „Kein Problem!", war die einmütige Antwort. Der fuhr darauf mit seinen Helfern nach Magdeburg, um vor Ort die Arbeitsmöglichkeiten zu prüfen. Wie zuvor abgesprochen, wollte er dann am Tag des Rückspiels die Speisen für die Spieler in der Hotel-Küche zubereiten.

Mein Schatt
Schwarzenb

Ohne jede weitere Begründung teilte man ihm nun allerdings mit, dass dies nicht ginge. So wurde angewiesen, einen Bus, der mit einer Küche ausgestattet war, aus München kommen zu lassen, um eine Verpflegung im Sinne der Bayern zu garantieren. Das geschah dann auch. Die Spieler bestiegen also das vor dem Hotel abgestellte Fahrzeug, verzehrten aber lediglich nur Kaffee und Kuchen. Offensichtlich wurde den Leuten, die dem Bayern-Koch seine Arbeit untersagt hatten, das Ganze nun doch etwas zu peinlich. Sie teilten ihm mit, dass er mit seinen Leuten das Abendessen nun doch in der Hotel-Küche zubereiten durfte. So wurde dann später also im Hotel gespeist, wie es auch üblich war.
Nachdem uns Sepp Meyer die wahren Hintergründe jener Posse geschildert hatte, blieb mir nur noch, mich im Namen aller zu entschuldigen, die dem miesen Verhalten der verantwortlichen DDR-Funktionäre und den Unwahrheiten der Ost-Medien damals aufgesessen waren.
Der sportliche Vergleich unserer Mannschaften, die beide danach noch eine sehr gute Saison spielten, endete also leider auf einer Ebene, die mit dem Fußball gar nichts mehr zu tun hatte. Die Bayern verteidigten später den Europapokal der Landesmeister. Wir übernahmen am 12. April 1975, das war der 18. Oberliga-Spieltag, nach einem 3:2 gegen Rot-Weiß Erfurt vor Jena und Dresden die Tabellenspitze und holten bald darauf unsere dritte Meisterschaft.

ALLEIN DURCH DIE MÜNCHNER INNENSTADT bummelte Jürgen Sparwasser, der nach einem Mitbringsel für seine Frau Christa suchte. Foto: Werek

Dieser Freistoß von mir streicht nur knapp am Gehäuse von Sepp Meyer vorbei.

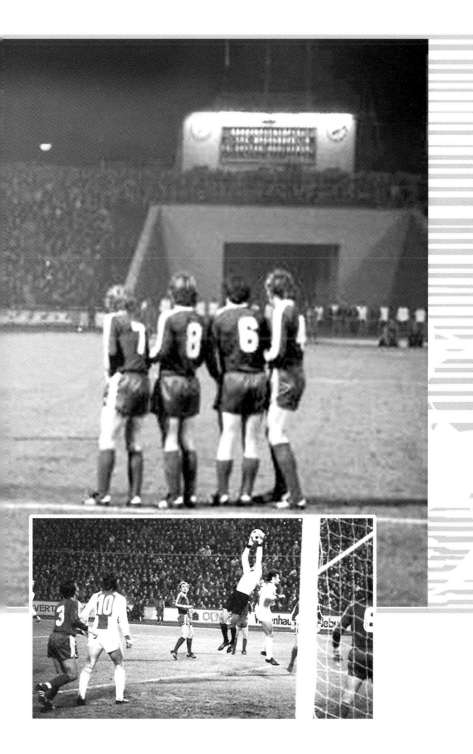

2:3

EUROPA-POKAL DER LANDES[MEISTER]
1. FC MAGDEBURG

FCM überzeugte in München

am 20.10.74 in München

Doppel-Schock für den FC Bayern. Bereits nach 40 Sekunden stand es 0:1. Von der Schulter Hansens springt der Ball nach einer Flanke von Hoffmann ins Tor (Foto oben). Eine Minute vor der Pause dann Schock Nummer zwei. Sparwasser trickst Beckenbauer aus und knallt zum 0:2 ins Netz.

Europapokal der Landesmeister:
FC Bayern München–1. FC Magdeburg 3:2 (0:2)

Von unserem Sonderberichterstatter Dieter Psoch

Mit einer eindrucksvollen Leistung ertrotzte der 1. FC Magdeburg bei seinem Start in den Europapokalwettbewerb der Landesmeister vor 70 000 Zuschauern im Münchner Olympia-Stadion gegen den 1. FC Bayern ein 2:3. Diese zwei Tore, die die Magdeburger hier schossen, können goldwert sein! Obwohl Bayern München hochfavorisiert in dieses Spiel ging, waren die Magdeburger in einer guten Verfassung und imponierten mit gefährlichen Konterangriffen. Ehe der Sekundenzeiger eine volle Umdrehung gemacht hatte, lag der FCM durch eine blitzschnelle Kombination in Führung. Hoffmann überwand mit einem sehenswerten Schuß, der von Hansen noch abgefälscht wurde, den BRD-Auswahltorhüter Maier.

München: Maier, Beckenbauer, Hansen, Schwarzenbeck, Torstensen (ab 46. Hadevic), Roth, Zobel (ab 77. Rumenigge), Dürnberger, Hoeneß, Müller, Wunder.
Magdeburg: Schulze; Zapf, Enge, Abraham, Decker, Seguin, Pommerenke (ab 60. Hermann), Raugust, Mewes, Sparwasser, Hoffmann.
Schiedsrichter: Michelotti (Italien).
Zuschauer: 70 000
Torfolge: 0:1 Hoffmann (1.), 0:2 Sparwasser (44.), 1:2 Müller (Foulstrafstoß, 51.), 2:2 Müller (64.), 3:2 Wunder (70.).

Das war Sparwassers Geschoß!

Blitzschnell reagiert Jürgen Sparwasser, als das Leder nach einem Martin Hoffmanns von der Latte zurückspringt. Ehe Schwarzenbeck der Magdeburger (rechts) zum Anschlußtreffer ein.

R 1974/75 ACHTELFINALE
FC BAYERN MÜNCHEN

1:2

Die Tücken eines Handikap-Rennens

„Unsere Außenverteidiger ließen arge Schwächen erkennen", urteilte Heinz Krügel. Ja, sie vermochten Hoeness (Decker) und Wunder (Enge) nicht genügend abzuschirmen.

3:2 für Bayern! Bomber Müller (rechts) dreht nach dem Eigentor von Enge (69. Minute) jubelnd ab

Herrlich, wie er Beckenbauer aus steigen ließ und das Leder unhaltbar hoch unter die Latte zum 2:0 schmet terte.

am 6.11.74 in Magdeburg 1:2

EUROPACUP DER LANDESMEISTER: 1. FC Magdeburg gegen FC Bayern München 1:2 (0:1)

Von unserem Redaktionsmitglied HORST FRIEDEMANN

1. FC Magdeburg (weiß/blau-weiß): Schulze — Zapf — Enge, Abraham, Decker — Kohde, Mewes, Raugust, Seguin — Sparwasser, Hoffmann; Trainer: Krügel. **FC Bayern München** (rot): Maier — Beckenbauer — Hansen, Schwarzenbeck, Kapellmann — Zobel, Roth, Dürnberger — Hoeness, Müller, Wunder; Trainer: Lattek. Schiedsrichterkollektiv: Linemayr, Dolezal, Jungwirth (alle Österreich); Zuschauer: 35 000 im Ernst-Grube-Stadion, Magdeburg.
Torfolge: 0:1 Müller (22.), 0:2 Müller (54.), 1:2 Sparwasser (56.).

Der Cup-Verteidiger im Wettbewerb der Landesmeister, in Gala-Besetzung auftretend, suchte zwar das Spiel aus einer vorsichtigen Konterstellung, beließ es aber nicht durchweg dabei. „Phasenweise operierten wir mit drei echten Spitzen, wir wußten, daß ein Halten des knappen Vorsprungs durften wir es nicht ankommen lassen", umriß Trainer Lattek seine taktischen Überlegungen. Und diese Angriffe über die schnellen Wunder und Hoeness, zugeschnitten auf den sicheren Vollstrecker Müller, atmeten höchste Gefährlichkeit. Die Kalkulation der Gäste ging auf, auch wenn beim wohl schon entscheidenden 0:1 fast die komplette Magdeburger Abwehr unfreiwillig Pate stand. „Klare, eigentlich unverständliche Deckungsfehler", nannte Heinz Krügel als Ursache. Tatsächlich konnte Zobel von Seguin unbewacht flanken, reagierten Abraham wie Schulze nicht, und so ließ sich Müller die Einladung zum Kopfball nicht entgehen. Dieses frühe, dem Spielablauf (zu diesem Zeitpunkt) nicht entsprechende Tor, verriet die Tücken des Handikap-Rennens der Magdeburger. „Im Willen, das 2:3 wettzumachen, wird gestürmt. Die Gefahr, daß der Gegner dadurch Lücken zum Durchschlupf findet, entsteht zwangsläufig", weiß Günter Bßhne, langjähriger Oberligaspieler und heute stellvertretender Klubvorsitzender des 1. FCM, aus eigener Erfahrung. Die Magdeburger deckten — in dieser Phase — nicht so konsequent, wie es ihr Vorhaben erfordert hätte.

Zum dritten Mal wird der 1. FC Magdeburg 1975 DDR-Meister.

Kritiker

Für mich war das Jahr 1974 das erfolgreichste meiner sportlichen Karriere. Zum zweiten Mal wurde ich mit dem 1. FC Magdeburg DDR-Meister, holte den Europacup und spielte eine erfolgreiche Weltmeisterschaft. Aber nicht nur mein 1:0 gegen die Bundesrepublik brachte mir damals öffentliche Anerkennung. Fußballexperten und die bei der Weltmeisterschaft akkreditierten Journalisten wählten mich zu einem der fünf besten Stürmer des Turniers. Nur zu Hause erhielt ich nicht die Wertschätzung, die zu erwarten gewesen wäre. Bei der jährlichen Wahl zum Fußballer des Jahres schaffte ich es nie auf den ersten Platz. Auch 1974 ignorierten die Sportjournalisten meine Leistung. Stattdessen wurde meinem Freund und Auswahl-Kapitän Bernd Bransch diese Ehre zuteil. Sicher galt er damals als solider Verteidiger, aber dennoch hatte er nicht annähernd solche spektakulären Erfolge vorzuweisen, wie ich es konnte. Wirklich überraschend war das eigentlich trotzdem nicht. Im Grunde hielt ich die Konzentration auf den Fußball sowieso immer für wichtiger, als die Selbstdarstellung in den Medien.

Trotzdem fühlte ich mich manchmal in der Art ungerecht behandelt, mit der die Medien meine natürlich nicht immer guten Leistungen in den Spielen bewerteten. Hatte ich mich verletzt, fragte kaum mal jemand nach, wie es mir ging, oder ob ich wieder fit war. Nur einer wollte stets genau wissen, wie ich mir zum Beispiel gerade mein derzeitiges Formtief erklärte. Das war der Journalist Heinz-Florian Oertel. Wenn mich jemand mit entsprechendem Hintergrundwissen auch mal kritisierte, wie auch er das manchmal tat, dann konnte ich gut damit leben.

Vor dem Qualifikationsspiel für die Europameisterschaft 1974 gegen Frankreich in Paris (ich, ganz links stehend, als Kapitän)

Amerika

1976 liefen die Vorbereitungen auf die Olympischen Spiele von Montreal, für die wir bereits qualifiziert waren. Neue Fußballtalente, wie die Dresdner „Dixi" Dörner und Reinhard Häfner, kamen in unsere Elf. Die Sommerpause der Spielsaison nutzten wir zu einer Länderspielreise durch Kanada und den Vereinigten Staaten. Es ging darum, sich einzuspielen und sich auf das Gastgeberland einzustimmen. Leider endete unser erstes Länderspiel gegen Kanada für mich als Mannschaftskapitän mit einer Verletzung. Wir gewannen zwar 3:0, ich machte auch ein Tor, doch dann traf mich ein kanadischer Abwehrspieler so schlimm am Sprunggelenk, dass es sieben Zentimeter lang aufriss. Ich musste ausgewechselt werden. Die Länderspielreise war für mich im Prinzip schon nach dem ersten Tag beendet. Natürlich wollte ich gleich nach Hause, wo man mich hätte behandeln können, aber die Mannschaftsleitung entschied sich dagegen. Später, wir saßen in Los Angeles in der Hotelhalle und warteten auf den Bus zum Training, wurde ich plötzlich an die Rezeption gerufen. Ich humpelte also hin. Da standen zwei Frauen, die sich als weitläufige Verwandte von mir ausgaben, hier schon lange in einer deutschen Kolonie lebten und eine BMW-Vertretung leiteten. Aus der Zeitung hatten sie erfahren, dass ich in Los Angeles war, auch dass wir am folgenden Tag im Olympiastadion spielen sollten. Nun wollten sie mich für den Abend zu sich einladen und mit Freunden eine Poolparty feiern. Ich konnte ja sowieso nicht spielen, also war das für mich durchaus vorstellbar. Ich sagte ihnen, dass sie jedoch unseren Delegationsleiter, meinen „Freund" Günter Schneider, fragen müssten. Dies taten sie dann auch. Schneider hatte nichts dagegen.

Wir verabredeten uns für den Abend, sie wollten mich abholen. Zwischenzeitlich hatte Schneider wohl entweder mit Berlin telefoniert, oder er befürchtete plötzlich, dass die Zustimmung seiner Laufbahn als Sportfunktionär schaden könnte. Also nahm er mich zur Seite „Das mit der Poolparty geht wohl doch nicht!", hieß es auf einmal. Als ich den Grund für den plötzlichen Sinneswandel erfahren wollte, stammelte er nur herum. Es machte überhaupt keinen Sinn, was er da sagte.

Später erschienen dann die beiden Damen freudestrahlend wieder in der Hotelhalle, um mich abzuholen. Ich erzählte ihnen die Geschichte und bat sie, doch selbst noch einmal nachzufragen, was sie dann auch taten. Wütend kamen sie kurz darauf zurück. In unverschämter Art hatte ihnen Schneider scheinheilig weismachen wollen, ich müsse noch trainieren, mich im Pool ausschwimmen. Wie peinlich! Die Frauen wussten ja von meiner offenen Wunde am Sprunggelenk. Baden war für mich tabu. Wir konnten uns lediglich nur für den nächsten Tag im Stadion verabreden. Die ganze Geschichte muss Schneider wohl nach unserer Rückkehr in seinem Bericht über die Länderspielreise erwähnt haben. Meine Verletzung war schnell vergessen, und ich stand bald wieder auf dem Rasen, aber nicht vergessen hatten die DTSB-Funktionäre Schneiders Bericht!

Nun stand der Nominierungslehrgang für die Olympischen Spiele 1976 in Montreal an. Kurz zuvor sprach ich noch einmal mit Christa über meine Chancen, bei den kommenden Spielen mit dabei zu sein. Sie wusste ja, dass mich die beiden Frauen während unserer Amerika-Reise in Los Angelos aufgesucht hatten. Damals hatte mich Christa beinahe für verrückt erklärt, aber ich gab zu bedenken: „Du kennst diese Typen nicht! Wenn die einen Verdacht in Richtung Republik-Flucht hegen, spielt die sportliche Leistung überhaupt keine Rolle mehr!" Ich sollte recht behalten! Schon auf der Fahrt zum Lehrgang hatte ich so ein ungutes Gefühl. Sportlich gesehen, war ich bestens in Form, meine medizinischen Werte sehr gut. Auch hatte ich mich auf die Tests so intensiv vorbereitet, wie nie zuvor. Von dieser Seite aus gesehen, hätte es also keinen Grund geben dürfen, mich nicht in den Kader aufzunehmen.

Später, während des Lehrgangs, bestätigte sich das. Ich erzielte überall nur Bestwerte. Dann aber kam das Abschlussgespräch, bei dem mir mitgeteilt wurde, dass Unregelmäßigkeiten meiner Blutwerte ausschlaggebend dafür waren, von einer Nominierung abzusehen. In diesem Moment brach für mich eine Welt zusammen. Schon seit dem UEFA-Junioren-Turnier 1965, also seit 11 Jahren, wussten die Sportärzte von dieser Sache, die während meiner Laufbahn nie Auswirkungen auf meine sportliche Leistungsfähigkeit hatte. Für mich war das eine klare Ausbootung, die scheinheiliger nicht hätte ablaufen können. So brachten „Hansi" Kreische fünf Flaschen Whisky, die man ihm nach der WM 1974 aus dem Westen schickte, und zwei Damen, die mich in Amerika während besagter Länderspielreise besuchten, um die Chance, 1976 ein weiteres Mal an Olympischen Spielen teilzunehmen. Unsere Mannschaft holte Gold in Montreal. Delegationsleiter während der Spiele war wieder der Genosse Günter Schneider.

Das Trainer-Aus

Heinz Krügel war einer, der wirklich ein Kreuz hatte. Das hatte mir von Anfang an immer schon an ihm imponiert. Er verlangte viel von uns auf dem Platz, sorgte sich aber stets auch um unsere kleinen und großen Wehwehchen. Er schonte sich nie und verlangte das aber auch von den Funktionären. Passierte das nicht, brachte er es sofort zur Sprache. Um so mehr schockierte uns, dass Heinz Krügel am 5. Juni 1976 zum Saisonende „wegen Versagen in seiner Arbeit" entlassen wurde. Dass es in dieser Spielsaison für uns nur für Platz 3 der Meisterschaft gereicht hatte, und dass wir nach einem Elfmeterschießen gegen den schwedischen Meister Malmö FF im Europapokal eher unglücklich ausgeschieden waren, reichte offenbar jenen als Begründung aus, denen unser Trainer schon lange ein Dorn im Auge war. Drei Meisterschaften, ein dritter Platz, zwei FDGB-Pokal-Siege, der Europapokal der Pokalsieger, dazu noch ein nur unglückliches Ausscheiden gegen den späteren Championgewinner FC Bayern München, fielen auf einmal nicht mehr ins Gewicht. Als Heinz Krügel in die DFV-Zentrale nach Berlin bestellt wurde, ahnte er nicht, was ihn dort erwartete. Die Herren vom DTSB, dem DFV und von der DHfK aus Leipzig kamen gleich zur Sache. Was man unserem Trainer jetzt nicht alles vorwarf: „Sportliches Versagen in der vergangenen Saison, Leistungsstagnation in der Mannschaft, obwohl mit Achim Streich ein Nationalspieler nach Magdeburg delegiert worden war, keine gefestigten sozialistischen Positionen, ein zu versöhnliches Auftreten gegenüber dem Klassenfeind und charakterliche Schwächen, verbunden mit maßloser Arroganz!" Einem solchen Mann könne man nicht mehr die sozialistische Erziehung von jungen Fußballspielern anvertrauen. Heinz Krügel spürte sehr schnell, dass ein sachliches Gespräch hier schlichtweg unmöglich war. Das Urteil gegen ihn stand schon vorher fest: Menschliche Demütigung und sein Ende als Trainer.

Krügels Entlassung war natürlich von langer Hand vorbereitet worden. Man suchte nur noch einen passenden Anlass. Sportliche Erfolge machte eine Absetzung unmöglich. Zudem befürchtete die SED-Bezirksleitung Magdeburg eine negative Reaktion der Fans. Walter Kirnich, 2. Sekretär der Bezirksleitung, brüstete sich damals immer gern damit, dass ohne ihn unsere Erfolge unmöglich wären. So mancher zitterte vor seinen Machtgebärden, nicht so Heinz Krügel. Der ging Kirnich einfach aus dem Weg. Gespräche mit ihm hielt er für bloße Zeitverschwendung. Kirnichs Unmut darüber steigerte sich im Laufe der Jahre schließlich zu einem nicht mehr unterdrücktem Hass. Nach drei Niederlagen zum Rapport bestellt, flog unser Trainer dann nach seiner Kritik: „Du trägst in deiner Funktion eine große Verantwortung, aber du wirst ihr nicht gerecht. Den 1. FCM und Heinz Krügel kennt man in ganz Europa, aber du bist und bleibst ein dummer Börde-Bauer!" kurzerhand aus Kirnichs Büro der SED-Bezirksleitung. Ab jetzt war Genosse Kirnich ständig mit den Sportfunktionären aus Berlin im Gespräch. Immer ging es um Krügel. Man wartete nur noch auf einen günstigen Zeitpunkt, der nun gekommen war. Ein Trainer-Assistent von der DHfK Leipzig, der gerade bei uns sein Praktikum machte, informierte uns über den Rauswurf. Sofort war von Aufhören und Streik in der aufgebrachten Mannschaft die Rede.

Manfred Zapf und Wolfgang Seguin und ich zogen uns zurück, wir besprachen die für uns schockierende Situation. Am nächsten Tag gingen wir in die Bezirksleitung und forderten Walter Kirnich auf, seine Entscheidung zu korrigieren. Der jedoch flüchtete sich in Phrasen und sprach wieder von einer Stagnation in der Mannschaft, in die wieder ein frischer Wind einkehren müsse. Enttäuscht kamen wir danach zur Mannschaft zurück. Auch Heinz Krügel war da. „Trainer können entlassen werden, aber die Mannschaft bleibt bestehen!", sagte er nicht ohne Rührung und mit brüchiger Stimme zu uns.
Das anschließende Spiel gegen Erfurt in der Toto-Sonderrunde gewannen wir 5:0. Ich machte drei Tore. Nach jedem Treffer lief ich in die Fankurve und rief den Zuschauern zu: „Das Tor haben wir für unseren Trainer geschossen!" So endete nach zehn erfolgreichen Jahren in Magdeburg die Karriere eines Mannes, dessen Herz dem Fußball gehörte. Mit der Forderung, professionelle Strukturen in den Fußball-Clubs einzuführen, war er an die Grenzen des starren DDR-Systems gestoßen und an ihnen zerbrochen.
Nach der Wende wurde Heinz Krügel rehabilitiert. Professor Hugo Döbler, einer der damaligen Mitverantwortlichen für den Trainer-Rauswurf, entschuldigte sich bei ihm später während der Gründungsveranstaltung des Nordostdeutschen Fußballverbandes schlicht mit dem kurzen Satz: „Ich schäme mich so!"

Eine der letzten Ansprachen unseres Trainers an seine Jungs

FC Schalke 04

Klaus Urbanczyk, ein ehemaliger erfolgreicher Nationalspieler aus Halle, der einst auch unter Heinz Krügel trainiert hatte, wurde nun unser neuer Trainer. Keine leichte Aufgabe für ihn. Die Nachfolge einer solchen Persönlichkeit wie Krügel anzutreten, war eine Last, unter der manch anderer sicher zusammengebrochen wäre. Seine Bilanz der ersten drei Jahre war jedoch gar nicht so schlecht. Zweimal verpassten wir die Meisterschaft nur knapp. Im Pokal knüpften wir an frühere Erfolge an und holten 1978 und 1979 die Trophäe wieder nach Hause. In den europäischen Pokalwettbewerben fehlte uns allerdings das Glück, um den Erfolg von 1974 zu wiederholen.

Für mich unvergessen sind die Duelle gegen FC Schalke 04 im Jahr 1977. Wir hatten gegen die Traditionsmannschaft aus dem Ruhrpott zuerst den Heimvorteil. Das Ernst-Grube-Stadion war seit Wochen ausverkauft. Der Schwarzmarkt florierte. Schalke 04 war bei unseren Fans sehr beliebt. Sicherlich auch, weil dessen Vereinsmentalität sehr stark der unseren ähnelte. Im Gegensatz zu den Spielen der DDR-Auswahl stand das Publikum von Beginn an treu wie eine Wand hinter uns. Nach anfänglichem Abtasten bekamen wir Schalke bald in den Griff. Ich hatte einen traumhaften Tag erwischt, mir glückte fast alles. Ich erzielte drei Tore. Mein Gegenspieler Rolf Rüssmann tat mir richtig leid. Der Nationalspieler war an den Treffern nahezu schuldlos. Mit dem späteren 4:2-Endergebnis hatten wir uns eine blendende Ausgangsposition geschaffen. In Anbetracht der Tatsache, dass wir noch das Rückspiel zu bestreiten hatten, spielte der psychologische Vorteil für uns natürlich auch eine große Rolle.

Die Gesichter von Rüßmann, Fischer und Neumann sagen alles: Schalke ist ausgeschieden.

Die Medien aus der Bundesrepublik waren selbstverständlich stark vertreten. Europapokal Ost gegen West, solche Begegnungen weckten immer Sensationslust und öffentliches Interesse. Unter anderem war da auch ein junger Mann, der als Volontär des ZDF über das Geschehen am Rande des Spieles berichten sollte. Er kam kurz nach dem Spiel mit seiner Handkamera auf mich zu und fragte höflich und etwas schüchtern, ob er mir ein paar Fragen stellen dürfe. Ich willigte natürlich ein. Obwohl wir uns später noch sehr oft über den Weg liefen, erzählte er mir erst nach 20 Jahren seine Geschichte: Damals war es angeblich den Medien untersagt, ohne Zustimmung gewisser Leute, Interviews mit uns Magdeburger Spielern zu machen. Das von ihm an jenem Tag abgedrehte Filmmaterial brachte er seinerzeit mit dem Motorrad in das Westberliner Studio. Der Beitrag wurde am Abend noch gesendet, und er hatte damit seinen Vertrag mit dem ZDF in der Tasche. Der junge Mann hieß Klaus Töpperwien.

Wie immer nach jedem Spiel warteten die Frauen in der Vereinskneipe auf uns. Die Kinder hielten die Anspannung allerdings nicht so lange aus. Sie kamen schnell zu uns in die Kabine. So auch meine Tochter Silke, die mit Gordon Zapf danach aber wieder hinaus zum Spielen ging. Nachdem ich dann geduscht hatte und umgezogen war, machte auch ich mich auf dem Weg in die Gaststätte, vor der Silke, beide Hände voll mit Geldscheinen und Münzen, auf mich wartete. Ich fragte verwundert, woher sie das bitte hätte. Silke konnte mir das mit den Händen ja nicht zeigen. Sie schaute nur in Richtung dreier Spieler von Schalke 04. Es waren Klaus Fischer und die Kremer-Zwillinge. Natürlich rief ich ihnen nach und fragte sie, was das solle. Da entgegnete Klaus Fischer: „Wir können bei uns damit doch nichts anfangen!" Es war ja Ost-Geld. Jahre später haben wir vier uns bei einer Benefizveranstaltung zu Gunsten von Straßenkindern in Hamburg, organisiert von Reinhold Beckmann, wiedergesehen. Wir kamen noch einmal auf die Begebenheit zu sprechen. Die Jungs konnten sich zwar nicht mehr daran erinnern, Klaus Fischer meinte aber, dass sie wohl wegen der Niederlage sehr frustriert waren und eigentlich nur noch weg wollten.

„Charly" Neumann begrüßt mich auf Schalke.

Zum Rückspiel begrüßte mich der leider viel zu früh verstorbene Mannschaftsleiter von Schalke 04, das Urgestein „Charly" Neumann, am Bus. Er hielt provokatorisch die Bild-Zeitung in der Hand. Auf der Titelseite war ganz groß Rolf Rüssmann abgebildet, im Hintergrund ein riesiges Poster von mir. Kommentiert wurde es mit dem Rüssmann-Zitat: „Ich folge dem Sparwasser im Spiel bis auf die Toilette!" Wer „Charly" kannte, der wusste natürlich, dass eine gewisse Absicht dahinter steckte. Er wollte mir gleich bei der Ankunft zeigen, was ich zu erwarten hatte. Außerdem wollte er damit sicher Aufmerksamkeit über die Medien erreichen. Das Foto von uns beiden war nämlich gleich am nächsten Tag wieder vorn auf der ersten Seite abgedruckt.

Bei der Spielvorbereitung ging unser Trainer mit folgenden Worten auf die Sache ein: „Jürgen, was Rüssmann da sagt, das macht der auch so. Sie gehen in den ersten zehn Minuten ganz auf die rechte Seite, er wird Ihnen folgen. Damit entsteht in der Abwehr eine Lücke in die Jürgen Pommerenke reinstößt." Ich glaubte zwar nicht so richtig daran, musste aber seine taktischen Anweisungen umsetzen. Schon vor dem Anpfiff unterstützten die fantastischen Schalke-Fans vor ausverkauftem Haus ihre Mannschaft mit ohrenbetäubendem Lärm. Sie glaubten fest an ein Weiterkommen, an das „Wunder von Schalke". Das Spiel begann also, ich stand direkt an der rechten Außenlinie. Tatsächlich! Es dauerte nicht lange, da gesellte sich Rolf Rüssmann zu mir! Wir hatten nur wenige Minuten gespielt und schon war die vorausgesagte Situation eingetreten. Der folgende Pass aus der Tiefe in die entblößte Abwehr von Schalke, Jürgen Pommerenke sprintete in den freien Raum, Ballannahme und Torschuss waren fast eines – Tor! Hinterher ging Rüssmann wieder auf seine Position als Libero zurück. Im weiteren Spielverlauf führten wir Schalke regelrecht vor und gewannen auch auswärts 3:1. Die Stimmung während unserer Rückreise nach Magdeburg war demzufolge natürlich mehr als ausgelassen. „Rolli" Rüssmann, den ich Jahre später als überaus fairen Sportsmann kennen und schätzen lernen durfte, ist leider viel zu früh im Jahre 2009 verstorben.

„Rolli" Rüssmann und ich – Jahre später nach dem Spiel

Schalke 04 wurde von Sparwasser geschluckt

Rolf Rüssmanns Gegenspieler erzielte drei Treffer – Neue Verletzte

Von WOLFGANG KERKHOFF   FC Magdeburg – Schalke 04 4:2 (2:0)   waz MAGDEBURG

Schalkes Reservetorwart Enver Marič fristete auf der Reservebank im Magdeburger Stadion ein einsames Dasein. Schalke 04, das ohne Fichtel, Sobieray, Dörmann, Ritschel und Blittcher im Ernst-Grube-Stadion antreten mußte, verlor während des Spiels außerdem Erwin Kremers und Lütke-bohmert durch Verletzung. Das war der Grundstein für die Niederlage der Schalker in Magdeburg. Die Blau-Weißen konnten in einem sehr harten Spiel nur eine viertel Stunde Spitzenfußball bieten. Die restliche Zeit zeigte der FC Magdeburg, wie guter Fußball aussieht. Vor allem Rolf Rüssmann wird noch lange an die 2:4-Niederlage zurückdenken: sein Gegenspieler Sparwasser erzielte gleich drei Tref...

Das war das 2 : 0

im Magdeburger Vergleich 1. FCM–Schalke 04 (4 : 2). Bei Streichs Scharfschuß von der linken Seite konnte Groß noch parieren, (Foto oben) bei Sparwassers Nachschuß, von Rüßmann bedrängt, streckte er sich vergebens.

Fotos: Käpermann

Schalke 04 mit dem 4:2 noch gut bedient

Drei Sparwasser-Treffer für Magdeburg – Etliche Schwächen bei den Schalkern

Die Verletzung

Wer fünfzehn Jahre als Stürmer immer dahin gehen muss, wo es weh tut, der bleibt von Verletzungen nicht verschont. Im Frühjahr 1978 im Punktspiel gegen den BFC Dynamo Berlin traf es mich besonders hart. Ich wollte im gegnerischen Strafraum halblinks aus vollem Lauf den Ball in die lange Torecke schießen, aber während ich abzog, schoss von schräg hinten mein Gegenspieler Jürgen Rohde auf mich zu. Er rempelte mich und hob mich dabei förmlich aus. Ich flog ein paar Meter durch die Luft, rutschte über die Grundlinie und schlug mit der Hüfte auf den Eisenring der dort installierten Kugelstoßanlage. Der Aufprall war so heftig, dass ausgewechselt werden musste. Wie schlimm die Verletzung war und welche Folgen sie für meine Karriere haben würde, konnte damals keiner erahnen. Die Schmerzen verschwanden in den nachfolgenden Tagen wieder ziemlich schnell, aber Verspannungen und Blockierungen an der Wirbelsäule nahmen bei mir immer mehr zu. In der heimischen Sportmedizin unternahm man alles, um die Ursachen dafür festzustellen. Auf den Röntgenaufnahmen konnte man nichts finden, die Beschwerden aber nahmen immer mehr zu. Ich konnte nicht mehr voll trainieren, und meine Leistungen auf dem Platz wurden immer schlechter. Als ich nach dem Abendessen in einem Trainingslager aufstehen wollte, passierte es: Ich kam einfach nicht mehr hoch. Im ersten Augenblick wusste ich nicht, wie ich das meinen Kameraden sagen sollte. Der Schreck, dass ich meine Beine von der Hüfte ab nicht mehr bewegen konnte, saß natürlich tief. Nachdem ich mich dann wieder gefasst hatte, sagte ich: „Leute, ich kann mich nicht mehr bewegen! Ihr müsst mich auf die Massagebank tragen!"

Keiner glaubte das zuerst so richtig, alles witzelte noch herum, da wurde ich ungehalten: „Ich meine es ernst!". Allmählich begriff jeder, dass ich nicht simulierte. Man hob mich also auf die Massagebank. Unser Physiotherapeut Hans Weber rief sofort den Mannschaftsarzt an, um ihm mein Problem zu schildern. Der meinte darauf, dass diese Art von Verletzung nur einer untersuchen und behandeln könne: Oberarzt Dr. Barthel, Spezialist für manuelle Therapie, der schon zu DDR-Zeiten Vorträge an Universitäten in der Bundesrepublik hielt. Als Barthel dann eintraf, nahm er mir erst einmal die Angst. Durch seine Art zu reden, gewann ich schnell Vertrauen zu ihm. Die Ursache für meine Blockierung vermutete er in der Hüfte. Dann setzte er mit seinen Händen an, die Wirbel sprangen wieder in die richtige Position, und ich konnte wieder aufstehen, als wäre nichts gewesen. Barthel kündigte an, am nächsten Tag zum Punktspiel nach Halle zu kommen. Er hatte wohl schon so eine Vorahnung, dass etwas passieren würde. Über die Nacht hatte ich erst einmal keine Schmerzen, auch am nächsten Morgen nicht. Als ich aber in Halle aus dem Bus steigen wollte, ging es wieder los. Man musste mich bis in die Kabine stützen. Ich hörte noch, wie die Stadion-Ordner, die das gesehen hatten, leise tuschelten: „Der Sparwasser kann nicht spielen!" Dr. Barthel wartete schon auf mich. Er begann sofort mit seiner Behandlung. Ein lautes Krachen, einige meiner Mannschaftskameraden zuckten förmlich zusammen. Ich stand wieder auf, zog mir die Schuhe an und ging zum Warmlaufen auf den Platz. Da standen wieder die Stadion-Ordner, die noch vor einer Stunde fest daran geglaubt hatten, dass ich nicht auflaufen könnte. Die waren natürlich sehr erstaunt. Das folgende Spiel haben wir übrigens sogar gewonnen. So konnte es mit mir aber natürlich auf lange Sicht nicht weitergehen.

Dr. Barthel und ich verabredeten uns in seiner Klinik in Halberstadt. Ein neuer Befund hatte ergeben, dass ein Hauptband an der Hüfte bei dem Sturz auf den Kugelstoßring gerissen war. Im Laufe der Zeit hatte sich an dieser Stelle danach eine daumennagelgroße Verkalkung gebildet, die beim Gehen Reibungen und am Hüftgelenksspalt die Schmerzen verursachte. Eine Operation war unumgänglich. Wir besprachen alles genau und machten den OP-Termin fest. Dr. Barthel unterbrach dafür sogar seinen Ostsee-Urlaub. Die Operation dauerte mehrere Stunden. Danach fuhr er zurück an die Ostsee, rief mich aber abends gleich an, um sich zu erkundigen, ob ich alles gut überstanden hätte. Es ging mir blendend. Wir sprachen jeden Tag miteinander, machten dann einen Termin zur Nachuntersuchung. Man zog die Fäden und nach zehn Tagen wurde ich entlassen. Meine nachfolgende „Reha" betreute unser Masseur Hans Weber. Dann kam die Nachuntersuchung in Halberstadt. Es war alles in Ordnung, ich konnte also wieder voll trainieren. Aber Dr. Barthel deutete an, dass die Verletzung eventuell Probleme nach sich ziehen könnte. Ich solle in die neue Saison gehen und dann selbst entscheiden, ob ich weitermachen oder aufhören wolle.

Er sollte mit seiner Prognose Recht behalten. Ich kam nur schwer in Form, war nicht mehr so schnell wie früher, obwohl ich viel an mir arbeitete und mich im Training nicht schonte. Der Makel machte sich natürlich im Spiel bemerkbar. Ich verlor Laufduelle und Zweikämpfe und war nicht mehr so torgefährlich. Konditionell hätte ich damals noch zwei oder drei Jahre spielen können, aber ich gewöhnte mich nun doch so langsam an den Gedanken, dass am Ende der Saison Schluss sein würde. Im Jahr 1979 wurde ich übrigens mit dem 1. FC Magdeburg gegen die „Mielke-Truppe" BFC Dynamo Berlin zum Abschluss meiner doch sehr erfolgreichen Fußballkarriere in Berlin noch einmal Pokalsieger.

Aus meinem NOTIZBLOCK

Heinz Florian Oertel

Sparwasser kämpft seit langem gegen Verletzungspech wie nur wenige. Immer wieder, wenn er glaubte, hoffte, jetzt geht's aufwärts, kam der nächste Hieb. Allein in diesem Jahr, das nun zu Ende geht, waren es eine Brustverletzung, eine komplizierte Hüftoperation, ein Rippenbruch. Das kann den Stärksten fällen. Doch Sparwasser steht und will und wird wiederkommen.

Die bei ihm diesen Sommer notwendige Hüftgelenkoperation vollzog im Halberstädter Krankenhaus Oberarzt Dr. Bartel. Dessen erstklassiges Können erinnert uns am heutigen Tag, dem Ehrentag aller im Gesundheitswesen Beschäftigten, on viele gute Ärzte, auf die wir genauso stolz sind wie auf unsere Aktiven. Chefarzt Dr. Jungmichel in Bad Düben, Oberarzt Dr. Barth, einst in Leipzig ein behender Außenstürmer, der nun als Orthopäde auch viele Fußballer wie Hans-Jürgen Kreische meisterlich operierte, oder die Berliner „Experten in Weiß", Chefarzt Dr. Ahrendt, der einstige DDR-Speerwurfmeister, und Oberarzt Dr. Albrecht, die vielen, von Riediger bis zuletzt Schwerdtner, halfen. Den Ärzten, bei Dresden und Magdeburg sind es Dr. Klein und Dr. Wallstab, allen Schwestern und Physiotherapeuten, bei den Partnern des Sonnabends sind das Doris Wiese, Hans Weber und Horst Zimmer, vielen Dank!

Unsere Frauen auf dem Weg zum FDGB-Pokal-Endspiel 1979 in Berlin

Karriere-Ende

Nach der Saison 1979 beendete ich meine Fußballer-Laufbahn. Die Zuschauer und Fans sollten mich in bester Erinnerung behalten. Das letzte Punktspiel machte ich am 9. Juni 1979 gegen die BSG Chemie Böhlen.

Mit meiner Mannschaft, dem 1. FC Magdeburg, war ich in in 13 Jahren zu 298 Meisterschaftsspielen aufgelaufen, in denen ich 133 Tore erzielen konnte. Hinzu kamen noch weitere 20 Treffer in 49 Pokalspielen. Auch meine internationale Bilanz konnte sich sehen lassen: 20 Tore in 40 Europacup-Spielen, 15 für die Nationalmannschaft, in die ich 53 Mal berufen worden war.

Auch in meinem letzten Spiel gegen Böhlen, das wir 10:2 gewannen, schoss ich noch einmal zwei Tore. Mein langjähriger Weggefährte, Manfred Zapf, hörte in diesem Jahr ebenfalls auf. Man überreichte uns Blumen, noch einmal winkten wir den Fans zu, um uns für ihre Unterstützung in all den Jahren zu bedanken. Lauter, lang anhaltender Beifall kam von den Rängen zurück. Da wurden „Zappel" und ich schon etwas wehmütig.

Der neue Kapitän Jürgen Pommerenke verabschiedet seinen Vorgänger, Manfred Zapf, und mich (li.) in den Ruhestand.

ARCHIV-NOTIZEN

Abschied vom grünen Rasen

Es fällt schwer, sich damit abzufinden, daß zukünftig in den Mannschaftsaufgeboten des 1. FC Magdeburg, die Namen Manfred Zapf und Jürgen Sparwasser nicht mehr genannt werden.

Vor Beginn des heutigen Oberligaspiels der Saison 1979/80, verabschiedet Magdeburgs Fußballpublikum und natürlich der 1. FCM selbst, zwei hervorragende Sportlerpersönlichkeiten vom aktiven Sport, die in den vergangenen fast 20 Jahren für den DDR-Fußball und auch den in der Stadt des Schwermaschinenbaues, hervorragendes geleistet haben. Jürgen Sparwasser, nun 31jährig, stand 53mal in der Nationalmannschaft der DDR, errang mit der Olympia-Elf der DDR Bronze bei den Olympischen Spielen in München, gehörte der DDR-Auswahl bei der Fußballweltmeisterschaft 1974 in der BRD an, spielte in der Mannschaft des 1. FCM, die im gleichen Jahr Europa-Cup-Sieger wurde. Er war auch bei den Meisterschaften 1972, 1974 und 1975 und den Pokalsiegen 1969, 1973, 1978 und 1979 dabei. 41mal spielte er mit dem Club in Europa-Pokalspielen. Seine Leistungen wurden durch die Verleihung der Ehrentitel „Verdienter Meister des Sports" und „Meister des Sports" gewürdigt.

Eine ähnliche Bilanz steht für Manfred Zapf, den langjährigen Mannschaftskapitän unseres Clubs, zu Buche. 16facher Nationalspieler, und wie sein Freund Jürgen Sparwasser, an allen großen Erfolgen des Clubs beteiligt, wurde er ebenfalls Bronzemedaillengewinner der Olympischen Spiele und „Verdienter Meister" bzw. „Meister des Sports". Manfred Zapf, der in der nächsten Woche sein 33. Lebensjahr vollendet, steht wie Jürgen Sparwasser, auch im Leben seinen Mann.

Ingenieur der eine, Sportlehrer der andere, Sportler, die vielen jungen Fußballern Beispiel für die eigene Entwicklung und Ansporn sind. Magdeburgs Fußballfamilie dankt beiden Sportfreunden heute nochmals recht herzlich für das Geleistete und wünscht alles Gute für das Zukünftige.

In der Oberliga werden wir beide nicht mehr auf dem grünen Rasen sehen, als Funktionäre und Übungsleiter bleiben sie unserem Club auch in der Zukunft erhalten.

Danke, zwölfter Mann!

*Was wäre unsere Karriere ohne Euch Fans gewesen!
Letztlich war doch die prickelnde Stadion-Atmosphäre
für die Ihr in all den Jahren stets gesorgt habt, für uns
Fußballer das, was für den Künstler der Applaus ist.
Gemeinsam gingen wir durch Höhen und Tiefen.
Ihr habt mit getrauert, aber trotzdem zu uns gehalten,
als unsere Mannschaft abstieg, später mit uns gefeiert,
als wir den größten Erfolg in der Geschichte des 1. FCM
an die Elbe holten. Nur gemeinsam waren wir stark!*

*Vielleicht konnten meine Frau und ich, sowie alle,
die an diesem Buch beteiligt waren, Euch ein Stück
auf unsere kleine Fußball-Zeitreise mitnehmen.
Ich möchte auch im Namen meiner Mannschaftskameraden, noch einmal Danke sagen.
Es war eine wunderbare Zeit mit Euch!*

Euer „Spary"!

„Lied des 3fachen Pokalsieger der DDR – 1. FC Magdeburg"

FCM
Du bist der Stolz der Elbestädter,
FCM
der Schrecken vieler Totowetter,
FCM
Wir achten dein Emblem,
im ganzen Binnenland und auch am Ostseestrand bist Du gefürchtet und bekannt.
Zum Ruhm des Sportes und für unsern jungen Staat,
bist Du bereit zu jeder Tat.
8 – 9 – 10 – Klasse!!!

FCM
Blau-Weiß sind Deine Siegesfarben!
FCM
Du hast schon viele Fußballnarben!
FCM
Wir sind vor Glück plemm – plemm!
Du schriebst ein Stück Pokalgeschichte schon bisher,
wir wollen aber noch viel mehr!
Und wirst Du Meister uns'res Landes einmal sein,
dann stimmen alle freudig ein:
8 – 9 – 10 – Klasse!!!

FCM
Wir schätzen Deine Fußballrecken!
FCM
Sie sind bekannt in allen Ecken!
FCM
Wie wir die Spieler kenn',
ob Fronzeck, Pumpel, Molli, Retschlag oder Zapf,
die hau'n noch manchen in den Napf!
Und Sparre, Achim, Paule, Abraham und Ohm, die schaffen jede Sensation!
8 – 9 – 10 – Klasse!!!

Hochstimmung im Lager der Magdeburger Fußballanhänger, die berechtigten Grund zum Jubeln hatten; denn der 1. FCM konnte bei dem favorisierten FC Hansa Rostock mit 1:0 gewinnen.

Neue Aufgaben

Mein Abschied vom 1. FC Magdeburg war jedoch für mich keinesfalls einer vom Sport. Bereits während meiner aktiven Zeit hatte ein Studium an der Deutschen Hochschule für Körperkultur (DHfK) in Leipzig begonnen. Es folgten jetzt noch vier Semester, bis ich 1981 als Diplomsportlehrer mit dem Spezialfach Fußball abschloss. Mein neues Betätigungsfeld fand ich nun an der Pädagogischen Hochschule in Magdeburg. Hier lehrte ich Studenten und arbeitete als Assistent im Bereich „Theorie und Praxis der Sportspiele". Ich lebte mich schnell in das Hochschulleben ein und traf hier auch viele Bekannte aus meiner Zeit an der Kinder- und Jugendsportschule. Über eines waren Christa und ich uns damals einig: Ich würde nicht als Trainer arbeiten. Viel zu lange hatten Frau und Tochter hinten anstehen müssen. Wir wollten jetzt endlich ein normales Familienleben führen. Die neue Aufgabe an der Hochschule nahm mich voll in Anspruch, nur selten kam so etwas wie Wehmut auf.

Es gab da aber noch ein Spiel, wenige Wochen vor meinem Rücktritt, an das ich oft dachte und mich manchmal noch nachdenklich stimmte. Zwischen den Städten Magdeburg und Braunschweig bestand eine Partnerschaft, in der auch der Fußballsport eine Rolle spielte. Man verabredete freundschaftliche Vergleiche zwischen dem 1. FC Magdeburg und der Bundesliga-Mannschaft Eintracht Braunschweig. Die Partie in Magdeburg gewannen wir seinerzeit mit 2:0. Dann kam das Rückspiel in Braunschweig. Das Ergebnis stand natürlich nicht unmittelbar im Vordergrund. Dennoch war das öffentliche Interesse an solchen Begegnungen natürlich immer sehr groß. Sie waren ja noch längst keine Normalität. Für Braunschweig stürmte mit Danilo Popivoda ein Weltklasse-Spieler. Schon in Magdeburg lernte ich ihn näher kennen. Wir unterhielten uns damals lange.

Dann, nach dem Rückspiel in Braunschweig, die Eintracht gewann damals 4:2, ich erzielte unsere beiden Tore, saßen wir beide wieder bei einem Bier mit den anderen Spielern zusammen. Popivoda wurde traurig, als ich ihm von meinem bevorstehenden Rücktritt erzählte. Ein paar Tische weiter saß der Braunschweiger Hauptsponsor Günter Mast, Chef der Likörmarke Jägermeister und ein Fußball-Visionär. Als er 1971 die Trikotwerbung im Profi-Fußball einführte, löste das beim DFB damals heftigste Entrüstung aus. „In Deutschland werden die Spieler niemals wandelnde Litfaßsäulen sein!", hieß es aus der Frankfurter Zentrale. Wie schnell sich doch dieser Grundsatz in Luft aufgelöst hatte! Mast war es auch, der Paul Breitner von Real Madrid zurück nach Braunschweig in die Bundesliga holte und ihm nach seinem vorschnellen Rücktritt nach dem Weltmeistertitel 1974 wieder die Möglichkeit einer Rückkehr in die Nationalelf eröffnete.

Jetzt, wo er von meinem bevorstehenden Karriere-Ende gehört hatte, machte er mir sofort den spontanen Vorschlag, ich solle doch nach Braunschweig kommen. Natürlich fühlte ich mich sehr geschmeichelt, gleichzeitig war ich aber auch immer wieder erstaunt, welche naiven Vorstellungen manche Leute im Westen von der DDR damals so hatten. Eine Übersiedlung mit der Familie wäre ja gar nicht möglich gewesen. Wohnen in Magdeburg und Spielen für Eintracht Braunschweig? Das war zu jener Zeit völlig undenkbar!

Das Gespräch

Die Arbeit mit Studenten an der Magdeburger Hochschule machte mir immer mehr Freude. Ich entwickelt mit den Kollegen der Hochschule Zwickau in einer Arbeitsgruppe, in der auch Ärzte, Psychologen und Pädagogen mitarbeiteten, ein Konzept, wie Grundschüler durch Ballspiele zu regelmäßiger Betätigung geführt werden können. Die ersten Ergebnisse wurden auch von anderen Hochschulen geprüft und sogar die Übernahme des Konzeptes von allen Oberschulen in der DDR erwogen. Themen für Doktorarbeiten schrieb man dafür aus, auch für die Möglichkeiten des Fußballspielens an den Schulen. Mit dieser interessanten Arbeit war ich ganz in meinem Element. Sie erinnerte mich an meine Schulzeit, an unser Bolzen auf der Straße in Halberstadt. Die Zeiten hatten sich zwar geändert, aber die Freude am Fußball war bei den Kindern stets geblieben. Ich sah in der Nachwuchsarbeit für mich ein neues Betätigungsfeld.
Doch nun kam es zu einem einschneidenden Ereignis, dass meine beruflichen Planungen nicht nur auf den Kopf stellen, sondern auch in den folgenden Jahren das Leben meiner Familie dramatisch verändern sollte. Eines Tages erhielt ich einen Anruf aus dem Büro von Walter Kirnich in der SED-Bezirksleitung. Das war jener Mann, der bei der Entlassung meines langjährigen Trainers Heinz Krügel die maßgebende Rolle gespielt hatte. Kirnich wollte sich mit mir über den 1. FC Magdeburg unterhalten. Im Club gab es schon seit geraumer Zeit einige Spannungen. Die großen Erfolge blieben aus, und der Trainer stand schwer in der Kritik. Trotzdem konnte ich mir nicht so recht vorstellen, was Kirnich von mir wollte. Als ich in sein Büro kam, saß er nicht allein am Tisch und kam auch gleich zur Sache: „Der Trainer muss weg, und du wirst sein Nachfolger!" Lächelnd warteten jetzt alle auf meine sofortige Zusage. Ich aber war schockiert, mir fehlten die Worte. Letztendlich hatte ich ja meiner Familie versprochen, niemals mehr Wochenende für Wochenende auf Reisen, weg von Christa und Silke, zu gehen. Also bat ich um Bedenkzeit.
Abends besprachen wir dann zu Hause alles. Christa und ich waren uns schnell einig, dass ich ablehnen sollte. Im Innersten hoffte ich zwar, dass die sich vielleicht nicht mehr bei mir melden würden, aber dass passierte schnell, und ich musste wieder in die Partei-Zentrale. Diesmal war nur Kirnich da. Er stellte uns beiden ein gekühltes Bier hin und erwartete nun meine Antwort. Als ich dann absagte, wischte dieser krankhaft arrogante Mensch mit einer Handbewegung die Gläser vom Tisch und schoss ruckartig hoch: „Das wirst du noch bereuen!" Damit war das Gespräch, das tatsächlich noch Folgen für mich haben sollte, beendet.
Schon wenige Wochen später bemerkte ich, dass um mich an der Hochschule ein anderer Wind wehte. In die Arbeitsgruppe wurde ich nur noch selten eingeladen. Man versuchte mich plötzlich immer öfter in die Ausbildung zur Zivilverteidigung, die alle Studenten absolvieren mussten, abzuschieben. Als ich dagegen protestierte, verhärteten sich die Fronten dann noch weiter. Christa machte sich Sorgen. Ich war in dieser Zeit sehr bedrückt, sie konnte mir aber nicht helfen. Mein ganzer Elan, mit dem ich mich auf die Lehre und Forschung an der Hochschule gestürzt hatte, ging mir nach und nach verloren.

Die Flucht

Walter Kirnich, egoistisch und herrschsüchtig wie er war, hatte skrupellos zuerst die beruflichen Karrieren meines Trainers und jetzt auch meine zerstört, was letztendlich für unsere Familien eine ungewisse Zukunft bedeutete. Angesichts unserer schwierigen Situationen sprach ich noch bei ihm vor, aber für diesen Mann spielten menschliche Aspekte überhaupt keine Rolle. Wer sich nicht seiner Machtbesessenheit unterordnete und gehorchte, wurde eiskalt abserviert. Das Wort „Menschlichkeit" existierte in seinem Sprachgebrauch nicht. Er wollte uns einfach nur erniedrigen. Aber wir waren fest entschlossen, das würde er bei uns nicht schaffen! Noch heute frage ich mich, warum solche Leute nicht zur Verantwortung gezogen werden. Immer nur wird der „kleine" IM, der, aus welchen Gründen auch immer, für die Stasi Berichte geschrieben hatte, an den Pranger gestellt. Letztlich war es der SED-Staat, der die Stasi ins Leben gerufen hatte. Der förderte und duldete doch ihre Machenschaften. Wir Sparwassers waren immer Leute, die sich morgens beim Blick in den Spiegel noch erkennen wollten. So gab es für uns damals nur noch eine Alternative: Wir mussten diesen Staat verlassen und noch einmal neu einfangen. Aber wie sollte das gehen?

Seit langem waren wir mit einem Ehepaar befreundet, das bereits einen Ausreiseantrag gestellt hatte und sich mit den Reisebestimmungen der DDR gut auskannte. Mit Ausnahme unserer Tochter waren sie die einzigen Personen, die uns in unserem Vorhaben immer bestärkten. Ihnen konnten wir uns anvertrauen, mit ihrer Hilfe unseren Plan überhaupt erst umsetzen. Später wurden noch ihre Eltern und Oma „Mielchen" aus Bad Homburg zu Mitwissenden. An einem der letzten schönen Sommertage 1987 gingen wir vier im Wald spazieren. Wir sprachen über ihre Ausreise. So etwas machte man am besten in der freien Natur, wo keiner etwas mitbekommen konnte. Ich fragte ganz spontan: „Was würdet ihr sagen, wenn Christa und ich eher als ihr drüben wären?" Ihre fassungslosen Gesichter sehe ich heute noch vor mir. Danach waren alle einen Augenblick still.

Ende der 80iger Jahre hatte die DDR ihre Einschränkungen für Reisen in das kapitalistische Ausland leicht gelockert. Zu besonderen Familienfeiern war es schon einmal möglich, dass man eine Genehmigung bekam. Christa und ich hatten eine Idee, wie wir diesen Aspekt in unsere Fluchtplanung mit einbauen konnten. Anfang Januar 1988 feierte die Familie der Tante meiner Frau in Lüneburg ein Familienjubiläum. Es war kein „Rundes", und ob es unter diese Reisekriterien fiel, wusste keiner. Gleichzeitig fand in Saarbrücken ein Altherren-Hallenturnier statt, in dem ich mit dem 1. FCM schon ein Jahr zuvor mitgespielt hatte. Für mich bestand deshalb auch kein Zweifel, dass ich auch diesmal mit dabei sein würde. So waren wir uns beide einig. Wir wollten diese Gelegenheit nutzen.

Christa reichte die erforderlichen Reisedokumente bei zuständigen Behörden ein. Nach einiger Zeit erhielt sie die schriftliche Mitteilung, dass sie wegen ihres Reiseantrages vorbeikommen sollte. Es kam dann leider so, wie wir es beide schon erahnten: Der Antrag wurde abgelehnt! Ich wollte von Christa wissen, wie sie die Ablehnung begründet hatten. Sie aber war so enttäuscht, dass sie meine Frage gar nicht beantworten wollte. Unser Plan drohte zu scheitern. Das konnte ich nicht akzeptieren: „Lass uns noch einmal zum Polizeipräsidium fahren!" Ich musste meine Frau dazu erst überreden. Als wir dort ankamen, hatte ich ständig das Gefühl, dass man uns beobachtete und wohl auch schon zu erwarten schien. Wir wurden in ein Zimmer geführt, das völlig leer war, kein Tisch, Stuhl oder Schrank. Ein sehr junger Mann in Uniform kam mit Verstärkung herein und fragte arrogant nach dem Grund unseres Besuches. Ich trug ihm unser Anliegen vor und bat ihn, uns zu erklären, warum Christas Reiseantrag abgelehnt worden war. Wie „aus der Pistole geschossen" kam seine Antwort: „Ihre Frau ist nicht tragbar!" Da verlor ich die Fassung, beschimpfte nicht nur ihn, sondern auch diesen Staat, für den ich jahrelang durch die Welt gereist war, um für seine Anerkennung zu werben. Es hieß ja immer: „Die Sportler sind unsere Diplomaten im Trainingsanzug!" Meine Frau hatte, während ich in dieser Zeit praktisch nur aus dem Koffer lebte, unsere Tochter fast allein erziehen müssen. Sie brach jetzt in Tränen aus. In einem solchen für mich deprimierenden Zustand hatte ich sie noch nie erleben müssen.

Fluchtartig verließen wir das Gebäude. Christa konnte sich kaum beruhigen. „Lass uns erst mal zu unseren Bekannten fahren!" schlug ich vor, „Mit ihnen sollten wir bereden, was wir eben erlebt haben." Im Nachhinein bin ich froh, dass wir das damals so gemacht haben. Mein Freund war der Meinung, wir sollten auf keinen Fall aufgeben und es noch einmal an anderer Stelle versuchen. Wir beide brauchten allerdings einige Zeit, um Christa wieder davon zu überzeugen. Mit dem letzten Mut der Verzweiflung fuhren wir beide dann zu jener Polizeidienststelle. Jetzt bekamen wir auch den Grund der Ablehnung des Antrags zu hören. Sehr erstaunt waren wir über die Freundlichkeit der Polizistin, die uns hier empfing. Sie hörte sich unser Anliegen an und zeigte Verständnis für die Niedergeschlagenheit meiner Frau. „Rufen sie mich bitte morgen früh noch einmal an.", sagte sie.

Unsere Freunde:
Sylvia und Wolfgang Ahrend

Am nächsten Tag teilte sie uns dann mit, dass Christa ihren Reisepass abholen könne. Rückblickend lässt sich nur erahnen, welchen Ärger sich diese junge Frau durch uns einhandelte. Für uns gab es einfach keine andere Alternative mehr. Wir möchten uns bei ihr und ihrer Familie entschuldigen.

Christa stieg also in den Zug nach Hannover. Ein paar Tage später startete ich mit der Altherren-Mannschaft vom 1.FCM nach Saarbrücken. Geplant war, dass die Fahrt mit dem Bus morgens um vier Uhr beginnen sollte, am Abend zuvor klingelte aber das Telefon. Jetzt hieß es: „Abfahrt erst um Neun!", der Club-Chef konnte mit den Reisepässen und den zehn West-Mark, das war das Tagegeld für drei Tage, nicht früher aus Berlin zurück sein, so die Begründung. Dann fiel noch die Bemerkung: „... und ob wir überhaupt fahren, steht auch noch nicht fest." Das wäre aber für Christa kein Problem gewesen. Hätte ich mich am Abend unserer Ankunft nicht telefonisch aus Saarbrücken bei ihr gemeldet, wäre sie ganz normal wieder nach Hause gefahren.

Geschlagene zwei Stunden standen wir dann am nächsten Morgen an der Autobahn-Auffahrt und warteten auf den Clubvorsitzenden, der die Reisepässe aus Berlin bringen sollte. Dann kam er endlich, es war soweit: „Einsteigen, es geht los!" Wir fuhren in Richtung Grenzübergang Marienborn. Je näher wir an die Grenze kamen, desto nervöser wurde ich. Die Strecke und die zu erwartende Prozedur am Grenzübergang kannte ich ja von vielen Reisen. Aber auf einmal kamen mir Gedanken, die ich vorher noch nie gehabt hatte. In dem Moment, als der Grenzer den Bus betrat, um die Reisepässe zu kontrollieren, fragte ich mich: „Gibt der dir jetzt den Pass zurück, oder holt er dich hier raus, um mit dir in eine ´Grüne Minna` Richtung Zuchthaus Bautzen umzusteigen?"

Ich spürte, dass ich leicht panisch wurde. Dann aber bekam ich meinen Reisepass zurück. Der Beamte wünschte mir für das Turnier viel Erfolg. Jetzt hielt es mich nicht mehr auf dem Sitz, ich musste raus aus dem Bus. Den durfte jedoch normalerweise keiner bei der Kontrolle verlassen. Draußen musste mir also irgendetwas einfallen lassen, womit ich mich gegenüber den Grenzern rechtfertigen konnte. Ich rechnete da ein wenig mit meinem „Sparwasser-Bonus": „Dem Sparwasser verzeihen wir das!" „Punki", unser Busfahrer musste für eine Ausrede herhalten. Er war gerade dabei die Seitenklappen des Busses zu öffnen, um nachzuweisen, dass sich da keiner darin versteckt hatte. Also sagte ich: „´Punki`, beim letzten Tankstopp auf der Autobahn stand die Klappe an der Seite offen!", was ihn vor den Grenzern natürlich in leichte Bedrängnis brachte. Dabei lachte ich laut, nahm ihn in den Arm und entschuldigte mich anschließend.

Auch die Grenzer, die meinen „Spaß" verstanden hatten, amüsierten sich. Ich aber war für meinen Teil in diesem Moment den wahnsinnig hohen inneren psychischen Druck los, der sich bei mir angestaut hatte. Dann stiegen wir wieder ein. Mich ergriff schon ein beklemmendes Gefühl, als sich der Bus in Bewegung setzte, durch das „Niemandsland" fuhr, vorbei am letzten DDR-Emblem, bis wenig später das Wappen der BRD auf dem Hügel auftauchte. „Aus! Das war`s!", schoss es mir durch den Kopf. Spät abends in Saarbrücken angekommen, rief ich dann Christa an und gab ihr das verabredete Stichwort durch, auf das sie, wie auf glühenden Kohlen sitzend, schon gewartet hatte.

Saarbücken

Nach dem Telefonat trank ich an der Hotel-Bar noch ein paar Bier, denn vor Aufregung war an Schlafen überhaupt nicht zu denken. Später rief ich noch meine Bekannte aus Saarbrücken an. Ich bat sie, am nächsten Tag um zehn Uhr zum Hotel zu kommen. Der folgende Morgen begann erst einmal ganz normal: Frühstück, anschließend Besprechung des Tagesablaufs. Am Nachmittag sollte dann das Turnier beginnen. Bis um zwölf Uhr konnte jeder einen Stadtbummel machen. Da aber unsere zehn West-Mark keine großen Sprünge zuließen, trafen sich fast alle Spieler vor dem Hotel, um in die Stadt zu gehen.

Jetzt musste ich meinen schweren Entschluss fassen. Mit der Begründung, ich habe im Zimmer mein Geld vergessen, ging ich noch einmal in das Hotel zurück. Dort packte ich meinen Koffer und legte meinen Trainingsanzug und das Trikot ordentlich auf das Bett. Ich schrieb einige Abschiedszeilen an meine Mannschaftskameraden, mit denen ich über fast 25 Jahre gemeinsam durch Höhen und Tiefen gegangen war. Ohne den Versuch einer Erklärung wollte ich nicht gehen. „Vielleicht werden sie es ja verstehen!", dachte ich mir so.

Zwischenzeitlich war es zehn Uhr geworden. Meine Bekannte stand pünktlich vor dem Hotel. Sie fragte mich direkt: „Du willst hier bleiben?" Ich sagte ihr, sie solle den Zimmerschlüssel nehmen und meinen Koffer holen. Während sie das tat, stieg ich in ihr Auto und kauerte mich leicht nach unten, um nicht gesehen zu werden. Bald kam sie mit dem Koffer aus dem Hotel zurück und verstaute ihn im Pkw. „Hast du die ganze DDR da drin?", fragte sie. Ich musste mich aber erst wieder beruhigen und antwortete nur: „Jetzt bitte nicht! Lass uns erst einmal auf die Autobahn nach Frankfurt kommen!"

Nun war es also endgültig, es gab kein Zurück mehr. Nach einer Weile hatte ich mich dann wieder einigermaßen gefasst. Meine Bekannte sagte, dass sie bei unserem Telefongespräch am Abend zuvor schon so eine Ahnung gehabt hatte. Dann überschüttete sie mich mit Fragen. Als sie wissen wollte, was mit meiner Frau jetzt werden würde, antwortete ich ihr, dass sie mich gerade zu ihr hinfährt. Da ließ sie vor Schreck beinahe das Lenkrad los. Am Frankfurter Hauptbahnhof angekommen, bat ich sie, nicht mit auszusteigen und gleich wieder nach Saarbrücken zurück zu fahren. Dann noch ein kurzer Abschied: „Danke, wir melden uns bei dir in den nächsten Tagen!"

Bisher war unser Plan aufgegangen. Christa sollte aus Richtung Hannover hier bald ankommen. Als Treffpunkt hatten wir die Mitte des Frankfurter Sackbahnhofs ausgemacht. Es war so gegen 13 Uhr, ich konnte mir also in Ruhe eventuelle Ankunftszeiten heraussuchen. Im ersten Zug, der eintraf, war sie allerdings noch nicht drin, dann aber rollte der richtige ein! Es gab eine nur kurze aber sehr innige Begrüßung. Wir mussten ja schnell weiter, denn es war ungewiss, ob man uns vielleicht schon auf der Spur war. Wir fuhren mit der S-Bahn nach Bad Homburg. Dort angekommen, nahmen wir ein Taxi, um so schnell wie möglich in Oma „Mielchens" Wohnung zu kommen. Die war gerade bei ihren Kindern in Magdeburg und hatte uns „Asyl" angeboten. Wir fanden den Wohnungsschlüssel an vereinbarter Stelle. Jetzt hieß es nur noch: „Bloß schnell rein und die Tür zu!

Endlich waren wir in Sicherheit! Es war klar, dass wir auf ersten Meldungen der Medien zu meiner Flucht nicht lange warten brauchten. So kam es dann auch. In den ZDF-Nachrichten, schon um 17 Uhr, ging alles in Bild und Ton über den Sender. Unsere Freunde erzählten uns später: „Es war so, als ob eine Bombe in Magdeburg explodiert wäre." Jetzt war es also raus. Alle, die von unserem Vorhaben gewusst hatten, konnten nun aufatmen. Es war alles gut gegangen!
Bis zum nachfolgenden Montagmorgen verließen wir die Wohnung von Oma „Mielchen" nicht. Dann aber gingen unsere Nahrungsvorräte langsam zur Neige. So entschloss sich Christa, zum HL-Markt zu gehen. Ich bat sie, bei der Gelegenheit doch eine Zeitung mitzubringen. Schon wenig später kam Christa eilig zurückgelaufen. Ich konnte das gut von der Dachluke aus beobachten. Mit wilden Handbewegungen signalisierte sie mir, ich solle vom Fenster weggehen. Natürlich schwante mir schon, warum. Völlig außer Atem und ein bisschen irritiert, berichtete sie, dass sie fast einen Herzschlag bekommen hatte, als sie am Zeitungsstand, der sich unmittelbar am Eingang des Marktes befand, auf die Gazetten schaute. Auf fast jeder Titelseite war ich abgebildet. Christa griff sich ein paar Blätter, kaufte das Nötigste ein und verließ fluchtartig das Gebäude. Als ich mir das anhörte, konnte ich mein Lachen nicht zurückhalten. Christa aber musste den dem Schock erst einmal verdauen.
Die Tage vergingen, und ich konnte es kaum noch in der Wohnung aushalten. Also fragte ich sie, ob wir am Abend im Dunkeln nicht spazieren gehen wollten. Christa antwortete spontan: „Mit dir gehe ich keinen Schritt vor die Haustür!" Aber was hätte ich denn anstellen sollen, damit mich keiner erkennt? „Gehe doch bitte in die Stadt, und kaufe mir einen Hut!", schlug ich Christa vor. Diese Idee fand sie gut, nahm Maß und machte sich auf den Weg.
Es dauerte einige Zeit, bis sie zurück war. Als ich wissen wollte, wo sie so lange geblieben war, antwortete sie: „Ich habe keine Hüte im Kaufhaus gefunden aber dafür einen Hutladen." Geschmack hatte sie ja schon immer, aber jetzt zog sie einen „Schlappner"-Hut aus der Tüte. Er passte wie maßgeschneidert. Allerdings war auch der Preis ein Hammer: 56 West-Mark! Ich war fassungslos. Schließlich wussten wir nicht, wie wir in der nächsten Zeit über die Runden kommen sollten, aber ein Hut für 56 West-Mark auf den Kopf! Den „Schlappner" habe ich übrigens heute noch, und die Geschichte ist nach wie vor ein „Riesen-Brüller", wenn wir sie unseren Freunden erzählen.
Acht Tage waren vergangen. Es wurde Zeit, sich bei unserer Bekannten in Saarbrücken zu melden. Einen leichten Bammel hatte ich schon vor dem Anruf. Ich konnte mir natürlich gut vorstellen, dass die Presse ihre Haustür pausenlos belagerte. Entsprechend reagierte sie dann auch, wir mussten uns einiges anhören. Ich konnte sie dann aber bald beruhigen und kündigte an, dass wir am nächsten Tag nach Saarbrücken kommen und alles erklären würden.
Dort auf dem Bahnhof angekommen, erwartete uns dann schon die Bild-Zeitung. Der Herr Palmert von der Sportredaktion begrüßte uns feierlich mit den Worten: „Familie Sparwasser, es ist noch nie passiert, dass die Bild-Zeitung jemanden nicht gefunden hat!" Darauf antwortete ich nur neckisch: „Da können sie mal sehen, wie gut wir unseren Plan durchorganisiert haben!"

Hamburger Abendblatt

Montag, 11. Januar 1988 — UNABHÄNGIG · Hamburger Fremdenblatt · ÜBERPARTEILICH — Nr. 8 / 2. W. / 41. Jg. / 60 Pf

Liebe Urlauber
Nehmen Sie Ihr Abendblatt-Abo doch einfach mit!
Tel. 34 73 171
Bitte 6 Tage vorher anrufen

HEUTE

Michel-Türmer
Hans-Heinrich Pardie wird in seinem Urlaub von vier jungen Bläsern vertreten. Seite 4

Abendblatt vor Ort
Das Abendblatt war dabei, als an diesem Wochenende die Disco-Bus wieder im Landkreis Harburg unterwegs war. Er bringt die Mädchen und Jungen sicher zum Tanzen und wieder nach Hause zurück. Seite 8

DIE EULE
Wissenschaftskolumne Seite 7

Lew Kopelew und Helga Feddersen
Schriftsteller Lew Kopelew sprach über die deutsch-russische Vergangenheit in der St. Jacobi-Kirche, Schauspielerin Helga Feddersen in der St.-Michaelis-Kirche über ihr Leben. Seite 3

Hamburg blüht auf
Wilder Apfel (Foto), Forsythienstraucher, Kätzchen, Japanische Kirschen, Zaubernuß — das alles blüht bei Frühlingstemperaturen in Hamburg auf. Seite 8 Foto: SCHRESSEN

Was suchen Sie?
Politik .... Seiten 2, 9
Hamburg .... Seiten 3, 4, 5, 7, 8
Horoskop .... Seite 4
Rätsel .... Seite 6
Feuilleton .... Seite 10
Theaterplän .... Seite 10
Roman/Leserbriefe .. Seite 11
Fernsehen .... Seite 12
Sport .... Seiten 13, 14, 15, 16
Wirtschaft/Schiffahrt . Seiten 16, 17
Allgemeines .... Seite 18

Menschlich gesehen

Das wäre dann das Ende der Hamburger Koalition
Die FDP sagt nein zum Ross-Modell der Sozialdemokraten

scho Hamburg — Hamburgs SPD/FDP-Koalition steuert auf eine neue Zerreißprobe zu. Diesmal geht es um die „Beschäftigungs- und Entwicklungsgesellschaft Ross". Bei ihr sollen nach der Schließung des Blohm + Voss-Werkes Ross künftig 100 der voraussichtlich etwa 280 entlassenen Werftarbeiter Arbeit finden. Wie berichtet, hatte Sozialsenator Jan Ehlers (SPD) am letzten Dienstag nach heftiger Debatte im Senat und gegen den Protest der beiden FDP-Senatoren Ingo von Münch und Wilhelm Rahlfs erklärt, die Gesellschaft werde von der Stadt gegründet und mit zwei Millionen Mark unterstützt.

Die IG Metall hatte daraufhin mit dem Blohm + Voss-Vorstand einen „Interessenausgleich" vereinbart, der „untrennbar mit der bestehenden Gründung einer Beschäftigungsgesellschaft verbunden sei". Jetzt hat FDP-Fraktionschef Dr. Frank-Michael Wiegand unmißverständlich erklärt: „Die FDP-Fraktion wird für das Senatsmodell keine Mark an Steuergeldern bewilligen".

Im Klartext: Das SPD-Modell ist vom Tisch, ein Durchboxen mit GAL-Stimmen wäre das Ende der Hamburger Koalition.

Fortsetzung Seite 3
Kommentar Seite 2

Steuer-Streit
Der Kanzler schützt Stoltenberg

Von Jochim Stoltenberg
Bonn — Bundeskanzler Helmut Kohl will sich schützend vor seinen auch aus den Koalitionsreihen heftig kritisierten Finanzminister Gerhard Stoltenberg stellen.

In einer Pressekonferenz will Kohl heute die Kabinettsbeschlüsse vom vergangenen Donnerstag verteidigen. Sie sehen für das Jahr 1988 die neue Rekordneuverschuldung von 40 Milliarden Mark und die Erhöhung von Verbrauchssteuern ab 1989 vor.

Die vom Kabinett getroffenen Entscheidungen seien vorher zwischen ihm, Helmut Kohl, Gerhard Stoltenberg und den FDP-Vorsitzenden Martin Bangemann abgesprochen worden, sagte ein enger Kanzler-Mitarbeiter auf Anfrage. Diese gemeinsame Verantwortung werde der Kanzler heute verdeutlichen.

Im Kanzleramt wird kritisch eingeräumt, daß man darüber streiten könne, ob der Zeitpunkt für die Ankündigung weiterer Verbrauchssteuern richtig gewählt worden sei. Angesichts des unvermeidlichen Nachtragshaushalts für 1988 und des Regierungsentwurfs für den Haushalt 1989 habe sich das Kabinett aber für diesen Vorgehen entschieden.

Während der Kabinettsberatung seien gegen die beabsichtigten Steuererhöhungen neben Kabinettsmitgliedern zwar Bedenken geäußert worden — vom Innenminister Zimmermann für die FDP, sowie vom Außenminister Genscher und Bildungsminister Möllemann, beide FDP, aber „kein lautstarker Protest".

Stoltenberg selbst erinnerte auf dem Mittelstandstag der schleswig-holsteinischen CDU in Molfsee bei Kiel daran, daß die Koalition schon vor zehn Monaten mit Einverständnis zu höheren Verbrauchssteuern bei einer möglichen Finanzlücke gegeben habe.

Apel fordert Rücktritt des Finanzministers

Wirtschaftsminister Bangemann bestätigte gegenüber der „Bild"-Zeitung, daß Bonn an eine Erhöhung der Mehrwertsteuer denke. (...)

Gorbatschow schlägt Gipfel mit China vor

rtr Moskau — Der sowjetische Parteichef Michail Gorbatschow hat ein Gipfeltreffen mit der Volksrepublik China vorgeschlagen. In einem Interview mit der chinesischen Nachrichtenagentur „Liaowang" sagte er, es gebe dafür eine „objektive Notwendigkeit".

Heftiger Kurseinbruch

HA New York — Obwohl der Dollar am Wochenschluß mit 1,6540 Mark wieder sehr fest lag, kam es an der Wall Street zu einem heftigen Kurseinbruch. Der Dow-Jones-Index fiel unter die 2000-Marke. Seite 17

Genscher in Polen

ap Warschau — Bundesaußenminister Hans-Dietrich Genscher hat am ersten Tag seines Polenbesuches ein positives Gespräch mit seinem Warschauer Amtskollegen Marian Orzechowski geführt. Beide sind sich darin einig, dem deutsch-polnischen Beziehungen nach langem Stillstand neue Impulse zu geben. Seite 9

„Wie unmündige Kinder"

L.R. Mannheim — Nach (...)

Jürgen Sparwasser bleibt im Westen

Der Augenblick, der den „DDR"-Flüchtling Jürgen Sparwasser (Mitte und kleines Foto) berühmt machte: Im Hamburger Volksparkstadion erzielte er am 22. Juni 1974 in der 78. Minute für die „DDR" den Siegtreffer im WM-Vorrundenspiel gegen die Bundesrepublik. Sepp Maier (links) und Berti Vogts liegen geschlagen am Boden. Die bundesdeutsche Mannschaft wurde später trotzdem Weltmeister. Foto: DPA

WM-Torschütze kam mit seiner Familie

Der bekannteste „DDR"-Kicker setzte sich ab
Sparwasser will im Westen bleiben

Jürgen Sparwasser: Aufenthaltsort unbekannt

g Saarbrücken — Sonnend vormittag, Bahnhofshalle in Saarbrücken, das Einkaufsparadies der saarländischen Landeshauptstadt.

Alt-Herren-Mannschaft 1. FC Magdeburg schlendert durch die um diese Zeit fast belebte Straße. Mitten ihnen: Jürgen Sparwasser, seit seinem Treffer am 22. 1974 zum 1:0-Endstand ersten und bisher einzigen el zwischen Bundesrepublik und „DDR" das personifizierte Synonym des Fußballs wider die Elbe. Doch zwischen Boutiquen und Bodegas et an diesem Tag nimmt ihn. Als die Mannschaft um 12 Uhr im Rathaus im nehmen Ratskeller zum tagessen eintrifft, fehlt rwasser.

Nachforschungen im nschafts-Hotel „La Residence" erhärten den Verdacht. Gespräck ist verschwunden. Nur sein Trainingsanzug t auf dem Bett. Von dem Hymnen fehlt jede Spur. gdeburgs Delegationsleiter bert König meldet daraufhin 53fachen Auswahlsler bei der Polizei als vert. Sparwassers Mitspieler hren die Nachricht kurz vor der Abreise in die Saarland-Halle. Sie wirken konsterniert und deprimiert. Die Mannschaft, die das Eröffnungsspiel gegen den 1. FC Kaiserslautern bestreiten soll, überlegt, ob sie ihre Turnierteilnahme absagen soll. Nach längerem Zureden erklären sich die Magdeburger doch noch zum Spielen bereit. Sie werden schließlich Dritter.

Nach der Rückkehr ins „La Residence" wird Herbert König zu der Rezeption eine Brief überreicht. Absender ist Jürgen Sparwasser. „Ihr braucht nicht auf mich zu warten. Ich habe mich entschlossen, in der BRD zu bleiben." Er kündigt später den Inhalt des Schreibens bekannt. Als am Sonntag die Mannschaft gegen 10 Uhr Saarbrücken verläßt, haben die Spieler den Schock verarbeitet. Sie lachen und lästern, und auch Herbert König will den Vorfall nicht dramatisieren: „Wir werden wiederkommen", sagt er zum Abschied.

Die Motive des Seitenwechsels haben bisher niemanden. Vermutlich ermunterte ihn ein Zufall zur Flucht. Am 30. Dezember reiste seine Frau Christa zu einem genehmigten Verwandtenbesuch in die Bundesrepublik. Normalerweise erlauben die „DDR"-Behörden nicht, daß sich beide Ehepartner gleichzeitig im westlichen Ausland aufhalten.

Sparwasser galt als linientreu. Zuletzt schrieb er im SED-Zentralorgan „Neues Deutschland" jeden Sonnabend eine Kolumne mit einer Vorschau auf den jeweiligen Oberliga-Spieltag. In einem Interview mit der „Volksstimme" vom 25. Juni 1979 erklärte Sparwasser auf die Frage, ob er Angebote von westlichen Klubs erhalten habe: „Ja, die gab es. Aber ich wußte und weiß, wo ich hingehöre."

Bei Anraten der Ärzte hatte er im Juni 1979 angesichts einer drohenden Hüftoperation nach 271 Liga- und 40 Europacupspielen (131 Treffer) seine Karriere beendet. Danach leitete die gelernte Maschinenbauer einige Zeit das Stürmertraining des Vereins und arbeitete als wissenschaftlicher Assistent an der Pädagogischen Hochschule Magdeburg, 1980 schaffte Sparwasser, zu dessen Freunden der heutige Cheftrainer der „DDR"-Auswahl, Manfred Zapf, gehörte, seinen Abschluß als Diplomsportlehrer.

ra Saarbrücken — Seine Bekanntheit erlangte er am Abend des 22. Juni 1974 im Hamburger Volksparkstadion mit einem wuchtigen Spannschuß. Mit dem rechten Fuß erzielte Jürgen Sparwasser das entscheidende 1:0 im Weltmeisterschafts-Vorrundenspiel zwischen der Bundesrepublik und der „DDR".

Dreizehneinhalb Jahre später geriet der inzwischen 39 Jahre alte Fußballspieler erneut in die Schlagzeilen. Bei einem Turnier in Saarbrücken setzte sich der 53fache „DDR"-Auswahlspieler von der Alt-Herren-Mannschaft des ehemaligen Europapokalsiegers 1. FC Magdeburg ab und blieb in der Bundesrepublik.

Über seinen derzeitigen Aufenthaltsort wird gerätselt. Ein Sprecher der Lagedienstes der Saarbrücker Kriminalpolizei erklärte gestern abend, daß Sparwasser die Stadt verlassen habe. Der Südwestfunk Baden-Baden berichtete, Sparwasser wäre nach Mönchengladbach gefahren. Auch seine Frau Christa und seine 19jährige Tochter Silke sollen im Westen sein, meldete die ARD-Tagesschau. Frau Sparwasser war am 30. Dezember zu einem genehmigten Verwandtenbesuch in die Bundesrepublik gereist. Nach den „DDR"-Reisebestimmungen hätte ihr Ehemann nicht gleichzeitig in den Westen gedurft.

Die Teilnahme der Magdeburger Mannschaft am Saarbrücker Turnier hatte der SPD-Fraktionsvorsitzende im Saarbrücker Landtag Reinhard Klimmt vermittelt. Klimmt stellte 1987 unter Mithilfe von Ministerpräsidenten Oskar Lafontaine die Kontakte in die „DDR" her. Das Vorjahrs-Turnier war die erste frei vereinbarte Veranstaltung, die außerhalb des deutsch-deutschen Sportkalenders zustande kam. „Ich gehe davon aus, daß diese Flucht unsere gemeinsamen Bemühungen um den innerdeutschen Sportverkehr nicht belastet", sagte Klimmt zum Hamburger Abendblatt.

Kommentar S. 2, Bericht S. 13

In der nachfolgenden Zeit war viel Bürokratisches zu erledigen. Unser Leben musste ja vollkommen neu geordnet werden. Inzwischen wohnten wir in Frankfurt/Main. Eines Tages klingelte das Telefon. Es war unser befreundetes Ehepaar aus Magdeburg: „Habt ihr heute Abend Zeit? Wenn ja, könnt ihr uns vom Frankfurter Hauptbahnhof nach Bad Homburg zu Oma 'Mielchens` Wohnung bringen!" Wir waren beide vor Freude völlig fassungslos. Vier Wochen nach uns mussten die beiden innerhalb von Stunden das Land verlassen. Grund der plötzlichen Ausreise war der Umstand, dass unsere Tochter Silke fast täglichen Kontakt zu ihnen hatte. Es gab also nur die eine Möglichkeit das zu unterbinden: Man musste die sowieso Ausreisewilligen von Silke trennen.

Der Empfang unserer Freunde musste natürlich richtig vorbereitet und gefeiert werden. Christa und ich kauften ein Tablett mit vier Gläsern und eine Flasche Sekt. Dann ging es am Abend zum Hauptbahnhof. Die Zeit bis zu ihrer Ankunft schien einfach nicht zu vergehen. Meine Frau wollte immer, wenn ein Zug in den Bahnhof einrollte, die Flasche köpfen. Endlich war es dann soweit. Die Waggontür ging auf, der Korken knallte, die Leute auf dem Bahnsteig müssen damals gedacht haben: „Silvester war doch erst!" Wir verstauten ihr Gepäck im Auto und fuhren dann nach Bad Homburg in Oma „Mielchens" Wohnung. Es wurde eine lange Nacht, denn es gab viel zu erzählen. Betten beziehen brauchten sie ja nicht, unser Bettzeug war ja noch drauf.

Mannschaft verraten
Die Anwesenheit einer Altherrenmannschaft des 1. FC Magdeburg in Saarbücken benutzten sportfeindliche Kräfte zur Abwerbung von Jürgen Sparwasser, der seine Mannschaft verriet. Solche Machenschaften belasten den Sportverkehr zwischen dem DTSB der DDR und dem DSB der BRD und sind seiner Weiterentwicklung nicht dienlich.

12.01.88

Unsere größte Sorge

In Frankfurt am Main begann für uns also der Neuanfang, aber erst jetzt begriffen wir, was einst meine Mutter nach dem Ende des Zweiten Weltkrieges mit „Wir hatten bis auf die Kleider nichts am Körper!" meinte. Zwar waren die Aussichten in Hinblick auf unsere neue Zukunft nicht annähernd so düster wie 1945, es gab keine zerstörten Städte mehr, wer arbeiten wollte, fand auch etwas, auch zu Essen gab es genug. Aber das mit den Kleidern am Körper traf für uns zu jener Zeit tatsächlich ebenfalls zu. Hinzu kam, dass wir damals einige unruhige Wochen durchstehen mussten. Vor allem um unsere Tochter Silke in Magdeburg lebte, die noch dazu schwanger war, machten wir uns viele Sorgen. Es verging kein Abend, an dem nicht über sie gesprochen wurde. Wir telefonierten so oft es ging. Sie schien immer gut drauf zu sein, aber wer konnte schon wissen, wie die Wirklichkeit aussah. Was garantiert passieren würde, wenn wir im Westen bleiben, waren wir gemeinsam durchgegangen. Alles wurde vorher intensiv besprochen. Wie erwartet, kam es dann auch zu Verhören durch die Staatssicherheit, die Silke über sich ergehen lassen musste. Als sie uns dann aber am Telefon erzählte, dass sie ihre Wohnung verlieren sollte, gab es für uns keine andere Alternative mehr, als zurückzuschlagen. In meinen Interviews und Fernsehauftritten hatte ich zuvor nie etwas Schlechtes über die DDR gesagt und tat sogar eher das Gegenteil. Jetzt aber wandten wir uns über die Presse öffentlich an Ottfried Hennig, Staatssekretär für innerdeutsche Angelegenheiten, mit der Bitte, uns zu helfen.

Einen Tag nach dem Erscheinen des Artikels in der Bild-Zeitung bekam Silke dann von einem Herrn „Besuch". Der Mann erklärte: „Wenn ihr Vater von Presse und Fernsehen Abstand hält, können sie die Wohnung behalten." Die Attacken und Schikanen der Stasi gegen unsere Tochter ließen nach. Wer aber denkt, an jeder Unmenschlichkeit war nur die Stasi beteiligt, der irrt sich. Nach der Wende erfuhren wir, dass die SED-Bezirksleitung damals folgendes anordnen wollte: „Wenn der Sparwasser seine Tochter anruft, spielen wir ein Band mit einem weinenden Kind ein!" Verhindert wurde diese perverse Idee erstaunlicherweise durch die Stasi! Was für eine starke Persönlichkeit unsere Tochter Silke damals schon war, beweist der Kommentar einer Stasi-Mitarbeiterin, die nach einem 12-Stunden-Verhör zu ihr sagte: „Frau Sparwasser, sie sind die beste Lügnerin, die wir jemals hier hatten."

Nie wieder Sippenhaft!
Das Wort hat
Dr. Ottfried Hennig, Staatssekretär im Innerdeutschen Ministerium
Sippenhaft gab es leider im Nazi-Regime. So etwas darf es in Deutschland nie wieder geben!
Ich fordere die „DDR" dringend auf, Jürgen Sparwassers Familie in Ruhe zu lassen. Wer eine hochschwangere Frau 12 Stunden lang verhört, versündigt sich an Menschenrechten und Anstandspflicht.

STÄNDIGE VERTRETUNG DER DEUTSCHEN DEMOKRATISCHEN REPUBLIK
- Konsularabteilung -

Familie
Jürgen und Christa Sparwasser
Frankfurter Str. 127

6368 Bad Vilbel

Bonn, den 28.11.1989

Sehr geehrte Familie Sparwasser!
Ihr Schreiben vom 9.11.1989   haben wir erhalten.
Wir teilen Ihnen dazu mit, daß die Ständige Vertretung der DDR
gemäß dem geltenden Gesetz über die Staatsbürgerschaft der DDR
(Staatsbürgerschaftsgesetz) vom 20. 02.1967 (GBl. I/1967 Nr. 2)
§ 10 Abs. 1 von Staatsbürgern der Deutschen Demokratischen Republik
einen Antrag auf Entlassung aus der Staatsbürgerschaft der DDR ent-
gegennehmen kann, wenn diese ihren Wohnsitz mit Genehmigung der zuständigen staatlichen Organe der DDR in der BRD genommen haben und
der Entlassung aus der Staatsbürgerschaft der DDR keine zwingenden
Gründe entgegenstehen.
In Ihrem Fall sind die vorgenannten Voraussetzungen nicht erfüllt.
Entsprechend den geltenden Regelungen der DDR im Reiseverkehr für
DDR-Bürger haben Sie jedoch die Möglichkeit, mit einem Reisedokument
der DDR zur Klärung aller Fragen Ihrer Übersiedlung in die BRD sowie
Ihrer Entlassung aus der Staatsbürgerschaft der DDR besuchsweise in
die DDR zu reisen. In der DDR erhalten Sie unkompliziert, wie alle
anderen DDR-Bürger, das Visum zur Wiederausreise aus der DDR.
Falls Sie nicht mehr im Besitz eines Personaldokumentes der DDR sein
sollten, aber noch Staatsbürger der DDR sind, müßten Sie alle Fragen
Ihrer Einreise in die DDR an der Grenzübergangsstelle der DDR klären.

Mit vorzüglicher Hochachtung
Leiter der Konsularabteilung

i.V.
Lampat
I. Sekretär

Neuanfang

Nachdem nun die gesamte Öffentlichkeit wusste, wo wir waren, ergaben sich erste Kontakte für einen möglichen Trainer-Job. So besuchte uns Felix Magath, damals Manager beim HSV, im Hotel in Hamburg. Auch Eintracht Frankfurt meldete sich. Beide Vereine boten mir an, im Nachwuchs zu arbeiten. Wir entschieden uns aus dem Bauch heraus für die Eintracht, und ich sagte Felix Magath ab. Die Gespräche mit Klaus Mank, dem Eintracht-Vizepräsidenten, und Wolfgang Kraus, dem Eintracht-Manager, sowie dem Trainer der Profis Karl-Heinz Feldkamp verliefen sehr offen und ehrlich. Wir waren uns gleich sympathisch. Die Männer zeigten mir eine berufliche Perspektive auf, die ich mir damals gut vorstellen konnte.

Mein Vertrag bei der Eintracht, der wir beide heute viel zu verdanken haben, begann erst zum 1. Juli. Bis dahin bezog mich „Kalli" Feldkamp immer mit in seine Arbeit ein. Dazu gehörten Spielbeobachtungen nächster Gegner, Spieler-Sichtungen für die Eintracht und das Torwart-Training mit Ulli Stein. Beim DFB bekam man natürlich mit, dass ich einen Trainervertrag unterzeichnet hatte. Prompt erhielt ich Post, aus der hervorging, dass meine DDR-Trainer-Lizenz in der BRD nicht anerkannt wäre und ich deshalb so schnell wie möglich in Köln meine Trainer-Lizenz machen müsse. Ich zeigte „Kalli" das Schreiben, der darauf nur sagte: „Da gehst du nicht hin, ich brauche dich hier." Nach einiger Zeit meldete sich der DFB wegen der gleichen Angelegenheit wieder. Mich nervte das, also suchte ich das klärende Gespräch, zeigte den Verantwortlichen, die für Erteilung der Lizenzen zuständig waren, meine Qualifikationen: Mein Diplom, ausgestellt von der Deutschen Hochschule für Köperkultur in Leipzig, mit dem Abschluss als Diplomsportlehrer / Spezialfach Fußball und einen Nachweis über meine zehnjährige Tätigkeit als Hochschullehrer an der Pädagogischen Hochschule Magdeburg, Spezialgebiet: Fußball. Bei mir hatten die Studenten ja ihre Diplomarbeiten geschrieben. Sie konnten mit ihren Abschlüssen als Trainer in der 2. Liga arbeiten! Die Herren vom DFB hörten sich alles an und teilten mir dann aber mit, dass dies beim DFB nur für eine B-Lizenz ausreichen würde. Ich nahm das so zur Kenntnis, weil ich auch nicht so recht wusste, welche Anforderungen hinter einer B-Lizenz steckten.

Wieder bei der Eintracht, fing mich „Kalli" gleich ab: „Na, und was ist beim DFB rausgekommen?" Ich erzählte ihm alles. Beim Zuhören wäre er beinahe ausgeflippt: „B-Lizenz, das sind zwei Nachmittage Ausbildung an der Sportschule Grünberg. Die nimmst du nicht an und du gehst auch nicht nach Köln!" Dann sagte er noch etwas, woran ich später oft denken musste: „Die Zeit arbeitet für dich!" Er sollte Recht behalten. Mit dem Mauerfall wurde mir die Fußball-Lehrer-Lizenz, auch ohne Köln, ausgehändigt.

„Kalli", nicht nur ein guter Trainer, war und ist auch gutherzig, mit einem besonderen Gespür für die Sorgen seiner Mitarbeiter. Als er mich einmal fragte, wo wir wohnten, traute ich mich zuerst gar nicht zu sagen, dass wir noch immer ein Zimmer im Hotel belegten. So setzte er in das Eintracht-Programmheft eine ganzseitige Anzeige: „Amateur-Trainer Jürgen Sparwasser sucht eine Wohnung!".

Leider brachte sie keinen Erfolg! Christa und ich waren schon ganz verzweifelt. Doch dann klappte es doch. Meine Frau hatte im Immobilienteil der Frankfurter Rundschau etwas Passendes für uns gefunden. Wir fuhren beide in das nahe gelegene Bad Vilbel. Dort waren wir aber nicht die einzigen, die sich für die Wohnung interessierten. Die Treppe war voller Leute. Ich meinte zu Christa: „Komm, lass uns abhauen, das hat sowieso keinen Zweck." Meine Frau aber bestand darauf, mit dem Vormieter zu sprechen. Der von ihm beauftragte Makler hatte ja eh noch mit anderen Interessenten zu tun. Plötzlich aber kam der Vormieter auf uns zu und fragte mich: „Sind sie nicht Herr Sparwasser?" Er erzählte uns, dass auch er am 22. Juni 1974 im Volksparkstadion gesessen hatte, meinen Auftritt damals miterlebte und anschließend stinksauer auf mich gewesen war. Nachdem ich ihm dann aber erklärte, dass diese Niederlage eigentlich den Grundstock für den WM-Titel der BRD gebildet hatte, sagte er kurz: „Sie kriegen die Wohnung." Noch heute sind wir gut befreundet und treffen uns oft zu einer „Marille und Pils". Natürlich erzählte ich „Kalli" Feldkamp am nächsten Tag die Geschichte. Der freute sich so sehr darüber, dass man den Eindruck hätte haben können, es wäre um seine Wohnung gegangen. Wir gingen hinterher in das Trainerbüro, und „Kalli" griff sich den Telefonhörer, um seine Frau anzurufen. Sie musste für den nächsten Tag sofort in einem Möbel- und Einkaufszentrum einen Termin für uns beide ausmachen, an dem wir dann den Fans eine Stunde lang Autogramme gaben. „Kalli" bekam dafür ein Honorar und sagte danach zu mir: „Steck mal ein, ihr braucht das für die Wohnung. Die Frauen werden garantiert dafür etwas finden." So war es dann auch. Ein paar Tage später kam er wieder auf mich zu: „Heute Abend kommen wir zu euch zum Essen." Ich traute mich, nachdem ich den Schock überwunden hatte, trotzdem nicht zu widersprechen, rief aber sofort Christa an, um ihr das zu erzählen. Auch sie war ganz erschrocken: „Das können die doch nicht machen! Wir haben doch noch kein Geschirr oder Besteck für vier Personen!" Tatsächlich, pünktlich um 20 Uhr, stand Familie Feldkamp bei uns mit einem Gesteck zur Wohnungseinweihung auf der Matte. Jetzt war uns beiden alles egal. Wir servierten nun einfach das noch verpackte chinesische Menü von nebenan, auf Plastikgeschirr, mit dem dazugehörigen Einweg-Besteck.

Als wir beide alles auf den Tisch gestellt hatten, fingen Feldkamps laut an zu lachen. „Wie peinlich!", dachten wir damals, aber das Gegenteil war der Fall. Sie wussten ja, dass wir noch nicht soweit eingerichtet waren und wollten nur mal testen, ob wir improvisieren können. Oft haben wir später über die Geschichte noch gelacht.

V. li. n. re.: Der Spieler Barkalorz, Gramlich (Präsident von Eintracht Frankfurt) und ich bei einem Fachgespräch vor dem Training

Gelacht und gleichzeitig fast geweint haben meine Frau und ich aber auch über folgende Episode: Es war Ostern. Ich ging am Morgen nach nebenan in den HL-Markt, um frische Brötchen für das Frühstück zu holen. An der Kasse stand ein Gestell mit herrlichen Blumen. Da dachte ich mir so: „Schenk doch deiner Frau zu Ostern mal ein paar Blumen!" Gemacht und getan, voller Stolz trat ich ihr entgegen, überreichte ihr mit einem Küsschen meinen Blumenstrauß. Sie schaute mich verdattert an, und ich dachte schon, etwas verkehrt gemacht zu haben. Da fragte sie mich ganz trocken: „Wo soll ich bitte die Blumen reinstellen?" Es war also ein Neuanfang mit Hindernissen, aber solche Geschichten haben uns zusammengeschweißt.

Bei Eintracht Frankfurt verstärkte sich hinter den Kulissen leider das Gerücht, dass der Cheftrainer, „Kalli" Feldkamp, entlassen werden sollte. Der hatte schon bemerkt, dass er kurz vor dem Rausschmiss stand und lud seinen Co-Trainer Timo Zahnleiter und mich zu sich nach Hause ein, um uns über die Situation aufzuklären. So ist eben „Kalli", das war ein echter Vertrauensbeweis uns beiden gegenüber. Es kam so, wie er es bereits geahnt hatte: Er musste gehen. Für Timo und mich war das damals sehr schmerzlich. Die Vereinsleitung übertrug nun uns die Verantwortung für die Profi-Mannschaft. Die Elf zog mit. Wir waren jetzt im Bundesliga-Geschäft erfolgreich, und man stellte uns in Aussicht, das Team dauerhaft zu betreuen. Das spornte uns natürlich an, wir freuten uns schon auf die Zukunft. Aber es sollte anders kommen. Wie aus heiterem Himmel, ohne uns vorher davon in Kenntnis zu setzen, war Pal Csernay plötzlich da. Das war ein ziemlicher Schock für uns beide. Timo wurde wieder Co-Trainer der Profis, und ich ging zurück zu den Amateuren. Beide waren wir einer Meinung: Das mit Csernay geht in die Hose! Es dauerte dann auch nicht lange, da musste ein Neuer her. Mein Vertrag bei der Eintracht lief aus, und ich musste meine Zukunft neu planen. Sollte es bei der Eintracht weitergehen, oder musste ich mir einen neuen Verein suchen? Nach meinem Weggang vom Verein erfuhr ich, dass sie mich gerne als Amateurtrainer weiter beschäftigt hätten, aber der neue Couch hatte es, wie ich heute weiß, fast zur Bedingung gemacht, dass ich weg sollte. Was war das für ein fachlicher und vor allem menschlicher Unterschied zwischen „Kalli" und dem „Neuen"! Die Eintracht hatte nach all den Geschehnissen vielleicht ein schlechtes Gewissen, denn sie wollten mir den Job als Cheftrainer bei Darmstadt 98 vermitteln. Ich musste schnell handeln. Die Gespräche liefen gut. Die Perspektive des Vereins schien in Ordnung. Geld für eventuelle Verstärkungen war angeblich vorhanden. Ich unterschrieb also! Wieder kam es anders, und die Worte, die mein Trainer Heinz Krügel einst in der Kabine an mich als jungen Fußballer gerichtet hatte, bestätigten sich erneut. Ich hatte einen Fehler gemacht.

Die Probleme kamen automatisch. Ich fing nach zehn Jahren Pause mit dem Rauchen wieder an, bekam aufgrund interner Auseinandersetzungen im Verein sogar Magenprobleme. Mein Hausarzt, gleichzeitig Internist, sagte mir damals auf den Kopf zu: „Sieh mal zu, dass sie dich so schnell wie möglich bei Darmstadt 98 entlassen, sonst kann ich für nichts garantieren!" Bloß gut für mich, das die Heckenschützen weiter aktiv waren. Die Entlassung kam zur rechten Zeit. Ich war, schon wegen meiner Gesundheit, sogar richtig dankbar dafür.

Heute muss ich für mir ehrlich eingestehen, dass ich für den Job als Cheftrainer einer Bundesligamannschaft zwar mit Sicherheit die fachlichen Voraussetzungen erfüllte, die mentalen, psychischen aber leider nicht. Vom heutigen Profigeschäft habe ich fast den Eindruck, dass die mentale und psychische Stärke, gepaart mit der Fähigkeit, sich in den Medien verkaufen zu können, zu 70 Prozent den allseits akzeptierten und geduldeten Trainer ausmacht. Es war und ist nicht mein Ding. Eigentlich wollte ich ja sowieso nie als Trainer im Profi-Bereich arbeiten. Das tue ich lieber mit Kindern, weil man da noch so viel Dankbarkeit verspürt. Wenn die Kids zum nächsten Training kommen und man in ihre Augen schaut, dann regelrecht sehen kann, wie diese vor Eifer und Freude funkeln, dann hat man am Vortag gute Arbeit geleistet. Mehr Ehrlichkeit und Dankbarkeit, wie sie Kinder noch zeigen, könnte unsere Gesellschaft gut vertragen.

Drei Mann, ein Gespann

Jürgen Sparwasser, den die Frankfurter Eintracht am Donnerstag endgültig verpflichtet hat, Bundesliga-Trainer Karlheinz Feldkamp (links) und Manager Wolfgang Kraus (rechts). Der ehemalige DDR-Auswahlspieler wird in der nächsten Saison die Fußball-Oberligamannschaft betreuen. Sparwasser, der im Januar eine Reise mit der Traditionsmannschaft des 1. FC Magdeburg nach Saarbrücken nutzte, um in der Bundesrepublik zu bleiben, wird am 1. Juli sein neues Amt übernehmen. Der Vertrag wurde bis 1990 abgeschlossen. An der Deutschen Hochschule für Körperkultur in Leipzig hatte Sparwasser das Sportlehrer-Diplom erworben, das in der DDR zur Trainertätigkeit im Verband und in der höchsten Spielklasse, der Oberliga, berechtigt. In Magdeburg bildete er Studenten im Fach Ballspiele aus, trainierte die Fußballspieler der Bezirksligamannschaft Motor Südwest Magdeburg und die Stürmer des 1. FC Magdeburg. Der Deutsche Fußball-Bund erkennt das Trainer-Diplom nicht an, so daß Sparwasser noch einmal die Lizenz erwerben muß. Im April und im Juni möchte er in der Sportschule Köln den Trainer-A-Schein machen, später auch die Lehrgänge zum Erwerb der Trainer-Lizenz besuchen. Der derzeitige Amateurtrainer Hubert Neu hat Manager Wolfgang Kraus signalisiert, daß er das Angebot annehmen will, vom 1. Juli an als Trainer der A-Jugend und Koordinator für die Jugend am Riederwald zu arbeiten. Für diese hauptamtliche Tätigkeit wird er seinen Beruf beim Landessportbund Rheinland-Pfalz in Mainz aufgeben müssen. Als vierter hauptamtlicher Trainer wird Hans-Dieter Zahnleiter seinen Vertrag als Assistent von Cheftrainer Karlheinz Feldkamp verlängern. Text rai./Foto Mehren.

Das Telefonat

Die Zeit ging ins Land. Tochter Silke brachte am 22. März 1988 unseren Enkel zur Welt. Beiden ging es gut. Das war erst einmal die wichtigste Nachricht für Christa und mich. Alles andere würde die Zeit bringen, sagten wir, die frisch gebackenen Großeltern uns damals. Um zu erfahren, ob alles in Ordnung war, rief ich Silke dann im Sommer an. Vielleicht hätte sie ja einen Antrag stellen können, um Weihnachten bei uns zu feiern. Silke gab dann am darauf folgenden Tag bei der zuständigen Behörde die notwendigen Unterlagen ab, allerdings ohne dass sie sich dabei große Hoffnungen machte. Ein paar Tage später rief sie bei uns an. Angeblich könnten wir auch nach Magdeburg kommen. Es würde uns an der Grenze nichts passieren, hatte man ihr mitgeteilt. Im ersten Moment waren wir beide sprachlos. Wir zurück über die Grenze? „Das Risiko können wir nicht eingehen!", war unsere Antwort. „Versuche bitte, nach Bad Vilbel zu kommen." Aber trotzdem, herauszufinden ob das stimmte, was uns Silke da erzählt hatte, war schon reizvoll. Wir setzten uns also mit dem Auswärtigen Amt in Verbindung. „Familie Sparwasser, sie können ungehindert in die DDR ein- und auch wieder ausreisen. Sie sind Bürger der BRD.", wurde uns von dort bestätigt. Beim Training berichtete ich einem mir gut vertrauten Sportjournalisten der Bild-Zeitung davon. Der war von einer solchen Aussicht gleich hellauf begeistert und machte sofort einen Vorschlag: „Wir fahren mit einem Auto vor und einem Auto hinter euch zur Grenze nach Marienborn. Euch passiert garantiert nichts!" Wie aus der Pistole antwortete ich: „Ja, und du machst dann schöne Bilder, hast eine sensationelle Story, drehst um und schaust zu, wie meine Frau und ich in ein anderes Auto umsteigen, in Richtung Bautzen, du Depp!" Ich war im ersten Moment richtig sauer auf ihn. Aber ich wusste ja, dass er es mit seinem Vorschlag nicht wirklich ernst gemeint hatte. So traurig die Situation eigentlich damals war, bei der Vorstellung, wie das an der Grenze ablaufen würde, mussten wir damals beide dennoch laut lachen.

Hier, im Hamburger Volksparkstadion schoß Jürgen Sparwasser 1974 das wichtigste Tor seines Lebens. 14 Jahre später ist er wieder am „Tatort", erzählt seiner Frau, wie er es schoß

Mauerfall

In der DDR wuchs die Unzufriedenheit der Menschen mit dem SED-Regime immer mehr. Zunehmend viele Leute gingen ab 1989 in Leipzig, Berlin und anderen Städten auf die Straße, um friedlich für eine bessere Zukunft in Freiheit zu demonstrieren. Diese Entwicklung verfolgten Christa und ich mit großer Aufmerksamkeit und regem Interesse, allerdings ohne auf ein baldiges Wiedersehen mit Tochter und Enkel zu hoffen. Eine schnelle Wiedervereinigung Deutschlands konnten wir beide uns einfach nicht vorstellen. Aber dann kam der 9. November 1989. Ich hatte gerade das Training mit den Amateuren der Eintracht beendet, das damals immer abends stattfand. So verließ ich erst gegen 22 Uhr das Stadion, um anschließend in Richtung Bad Vilbel zu fahren. Auf dem Nachhauseweg hörte ich plötzlich den Nachrichtensprecher im Radio sagen: „Liebe Hörerinnen und Hörer, die Mauer ist gefallen!" Weitere Einzelheiten bekam ich danach vor Glück und Aufregung gar nicht mehr mit. Zu Hause stand Christa schon vor der Tür. Wir wollten uns vor Freude gar nicht mehr loslassen. Sie erzählte mir später bei einer- oder wohl eher zwei Flaschen Sekt, was da gerade in Berlin passiert war. Wir konnten es gar nicht fassen: „Wie geht das jetzt weiter?". Noch am selben Abend riefen wir Silke an. Vielleicht war sie ja schon mit dem Auto auf dem Weg zu uns. Da aber keiner damals so richtig wusste, wie es an den Grenzübergängen und auf den Transit-Autobahnen wirklich aussah, wollte sie lieber noch einen Tag abzuwarten. Wir fanden das vernünftig.
Für uns beide war die Anspannung schon am nächsten Morgen fast unerträglich. Wir mussten aber wie immer unseren Jobs nachgehen. Meine Frau war am Nachmittag zu Hause. Für mich stand das abendliche Training mit meinen Jungs von der Eintracht an, welche die politische Entwicklung in der DDR natürlich mitverfolgten. Sie kannten ja unsere familiäre Situation und stürmten mit Fragen auf mich ein: „Trainer, sind Ihre Tochter und Ihr Enkel schon da? Wann bringen Sie Ihre schöne Tochter zum Punktspiel mit?" Etwas sarkastisch kam dann: „Naja, für 500 Kilometer benötigt ein ´Trabbi´ bestimmt 20 Stunden. Außerdem gibt es im Westen sicher nicht so viele Tankstellen, die das stinkende Normalbenzin im Sortiment haben!" Dem Kapitän der Truppe platzte dann buchstäblich der Kragen: „Trainer, wenn sie hier nicht gleich vom Platz verschwinden und nach hause düsen, garantieren wir für nichts!" Der Heimweg kam mir danach endlos lang vor. In die letzte Kurve bog ich ganz langsam ein, denn so konnte ich gleich die Nummernschilder der beiden Fahrzeuge erkennen, die auf dem Parkplatz vor unserem Haus standen. Es waren Magdeburger Kennzeichen. Kaum hatte ich den Motor abgestellt, kam meine Tochter mit dem Kleinen auf dem Arm über die Straße gelaufen. Mit dabei war noch ein befreundetes Ehepaar aus Magdeburg. Auf dass die „Hütte" so richtig voll würde, riefen wir noch unsere Freunde aus Bad Homburg an. Es wurde eine unvergessene Wiedersehensfeier, nach der die Verabschiedung aber nicht schwer fiel. Alle wussten ja, man kann jetzt jederzeit wiederkommen. Für uns hieß das: Weihnachten 1989 in Bad Vilbel! Silke brauchte dafür ab sofort nicht mehr zu den DDR-Behörden zu gehen, um sich den Besuch ihrer Eltern in der BRD genehmigen zu lassen.

Das erste Wiedersehen nach dem Mauerfall: Knapp zwei Jahre nach der Flucht kann „Omi" Christa endlich ihren Enkel füttern, während Silke den Brei anrichtet.

Weihnachten 1990

Jetzt war der Mauerfall schon fast ein Jahr Geschichte. Aber waren am Autobahn-Grenzübergang Marienborn die alten Geflogenheiten des Alltags vielleicht doch wieder eingekehrt? Das fragten wir uns natürlich, als wir Weihnachten 1990 die erste Fahrt in die ehemalige DDR zu unseren Kindern nach Magdeburg vorbereiteten. Unsere Aufregung und Nervosität war damals schon sehr groß. Während der Weihnachtseinkäufe überlegten wir verunsichert, was und wie viel wir eigentlich mitnehmen durften. So richtig wusste das ja noch keiner. Aber dann waren die Koffer endlich gepackt, und es ging auf die Autobahn in Richtung Marienborn. Während der Fahrt wurde es zwischen uns beiden etwas ruhig. Plötzlich fragte mich Christa: „Haben wir eigentlich alle Papiere für die Grenze dabei?" Personalausweise und Reisepässe hatten wir natürlich mit, es konnte uns also normalerweise nichts passieren. Nachdem wir bis dahin recht zügig vorangekommen waren, landeten wir vor Marienborn dann doch noch im Stau. Wie wir hatten sich noch viele andere entschlossen, ihre Verwandten über die Feiertage zu besuchen. Die Kontrollen verliefen relativ schnell, doch mich beunruhigten die vielen grün Uniformierten ein wenig, die sich hinter dem Kontrollposten versammelten. Ich meinte zu meiner Frau, die sowieso schon vor Aufregung zitterte: „Schau mal, wie viele Leute uns begrüßen wollen!" Das sollte ihr ein wenig die Angst nehmen. Dann beobachtete ich den Grenzer dabei, wie er die Reisepässe der Leute vor uns kontrollierte. Zu Christa kommentierte ich das mit: „Du, der wird den Reisepass aufschlagen, dein Foto kontrollieren, seinen Stempel reindrücken und ihn dir danach einfach zurückgeben. Du kannst dich also wieder beruhigen." Dann waren wir dran. Der Posten schaute uns nicht an, nahm die Papiere, guckte aber nicht rein, legte sie stattdessen auf ein Laufband. Danach waren sie verschwunden. Bis sie endlich wieder zurückkamen, schauten wir uns beide nur stumm an. Was ging hier vor? Der Grenzer konnte doch nicht mitbekommen haben, wer hier im Auto saß. Er hatte die Pässe ja nicht kontrolliert. Bei den Leuten vor uns war das ganz anders abgelaufen. Ohne einen Blick und ohne Worte bekamen wir dann aber endlich alles zurück.

Das war erst einmal überstanden, man ließ uns also einreisen. Ich fuhr ein paar Meter, dann kamen wir an den „Grünen" vorbei, die ich schon aus der Ferne gesichtet hatte. Mittlerweile waren es noch einige mehr geworden. Plötzlich streckte einer den Arm raus: „Stopp!" „Was soll das denn?", dachten wir. Der Mann fragte kurz, knapp und bestimmt: „Zoll, haben sie was zu verzollen, oder Geld umgetauscht?" „Nein.", sagte ich darauf. In diesem Moment konnte sich der Zöllner vor Lachen nicht mehr halten, dazu mit ihm die ganze „grüne Meute": „Gute Weiterfahrt, ´Spary`!" Christa und ich lachten über den Gag der Grenzer noch etliche Kilometer. Ein komisches Gefühl war es für uns beide schon, als wir in Magdeburg ankamen und wieder vor unserer alten Haustür standen. Wir hatten ja in den kühnsten Träumen nie mehr daran geglaubt, dass wir dieses Land jemals wieder betreten würden. Dieses Gefühl steigerte sich noch, als wir unsere alte Wohnung betraten. Hier hatten wir mit Silke 20 Jahre gelebt. Das war fast so, als ob wir von einer Urlaubsreise zurückkamen.

Wir verlebten dann ein wunderschönes Weihnachtsfest. Unsere Tochter wollte uns das neue Magdeburg zeigen. Inzwischen hatte sich ja schon einiges verändert. Wir fuhren also in die Innenstadt, um zu bummeln. Als die Frauen im neuen Kaufhaus aber noch shoppen gehen wollten, hatten Enkel Philipp und Opa Sparwasser dazu wirklich keine Lust mehr. Der Junge wollte mir viel lieber den Goldenen Reiter zeigen. Dazu mussten wir allerdings quer über den Alten Markt.

Ich spürte, wie die Leute mich ungläubig anstarrten, manche tuschelten untereinander. Bei einigen hatte ich das Gefühl, die wollten mich begrüßen, aber trauten sich dann nicht. Letztendlich fasste sich jedoch einer ein Herz und sprach mich spontan und etwas aufgeregt an. Schnell bildete sich eine große Menschentraube um uns. Ich musste meinen Enkel auf den Arm nehmen. Wir wollten ja zum Goldenen Reiter, also beendete ich die Gesprächsrunde. Wir kamen aber nicht weit, dann wiederholte sich das Ganze. Philipp, der langsam unruhig wurde, fing an mich am Ärmel zu ziehen. So kämpften wir uns dann über den Platz. Hinterher fragte er mich: „Opa, weißt du was ich nicht verstehe? Du wohnst doch in Bad Vilbel, wieso kennen dich hier so viele?" Ich gab ihm nur kurz zur Antwort: „Das werde ich dir später einmal erzählen." Dann endlich zeigte mir Philipp ganz stolz den Goldenen Reiter.

Der Bungalow

Noch vor der Flucht hatten wir Silke unseren Bungalow überschrieben, was allerdings die SED-Bezirksleitung wenig interessierte, denn unsere Tochter wurde ohne jede Begründung kurzerhand enteignet. Den Herren, insbesondere besagtem Genossen Kirnich, kam das gerade recht, galt es doch, Unstimmigkeiten zwischen Staat und Kirche zu lindern, die es in der DDR damals zunehmend gab. So wurde unser Bungalow an Dr. Schulze, Chefarzt in einer kirchlichen Klinik, den man damit ein wenig ruhigstellen konnte, vermacht. Erfreut griff der Herr Chefarzt zu. Das Geld für den Bungalow wurde auf ein Treuhandkonto überwiesen. Seinerzeit hatte ich alle meine Fußball-Trophäen im Bungalow deponiert, weil ich hoffte, damit meinem Enkel ein schönes Andenken an seinen Opa zu überlassen. Ein Umstand, den sich jetzt der neue „Bungalow-Besitzer" zu nutzen machen wollte. Skrupellos rief er den Schwiegervater meiner Tochter an. Silke könnte ihm die Trophäen jetzt abkaufen! Als mir Silke von dieser Dreistigkeit und Unverschämtheit am Telefon erzählte, wusste ich im ersten Moment gar nicht, was ich sagen sollte. Natürlich hat sie dann tatsächlich die Andenken und Erinnerungen zurückgekauft.

Bei Christa und mir entwickelte damals diese Art des Umgangs eine derartig große Antipathie gegen diesen Menschen, dass wir nun alle Hebel in Bewegung setzten, um den Bungalow wieder zurückzubekommen. Wir schalteten einen Rechtsanwalt ein. Auch Schulze tat das, denn der wollte den Bungalow auch nach dem Mauerfall nicht wieder hergeben. Eines Tages rief mich mein Anwalt an, weil er unbedingt zwei Unterschriften von mir am nächsten Tag benötigte. Ich setzte mich also ins Auto. Da ich aber am folgenden Nachmittag in Darmstadt schon wieder Training hatte, suchte ich meine BMW-Niederlassung auf und bat dort um Hilfe. Die bekam ich dann auch prompt. „Hier, steig ein, der hat Feuer unter der Haube!", hieß es da. So fuhr ich dann in der Nacht los. Etwa zwölf Stunden musste ich für den „Ritt" nach Magdeburg schon einplanen.

Diesmal gab es beim Passieren des ehemaligen Grenzüberganges Marienborn keinen Stau mehr, denn man musste die Grenzhäuschen nicht mehr anfahren. Stattdessen fuhr man mit 60 Stundenkilometern geradewegs am Grenzer vorbei, der nur noch durchwinkte. Ich dachte noch: „Da liegst du aber gut in der Zeit! Vielleicht kannst du noch bei den Kindern vorbeischauen!" Da sollte ich mich aber gewaltig täuschen. Als ich noch etwa 30 Meter vom Posten entfernt war, machte der einen Schritt nach vorn und winkte mich heraus. Ich dachte so: „Auf diesem Autobahnabschnitt kannst du doch nichts falsch gemacht haben!" Das hatte ich auch nicht. Ich hielt an und ließ die Scheibe runter. Dieser „junge Schnösel" in Uniform legte gleich auf eine Art und Weise los, dass ich dachte: „Hallo? Hat der etwa die Grenzöffnung verschlafen?" „Motor aus! Ihre Papiere! Haben sie was zu verzollen?" Ich blieb noch ruhig und verneinte. „Haben sie DDR-Geld?" „Ja, etwa 20 Mark, für `nen Kaffee unterwegs." Ich überlegte kurz. „Die Grenze ist doch schon lange weg! Warum dieses Theater?" Als ich jetzt auch noch aufgefordert wurde, meine Geld-Umtauschquittung zu zeigen, war für mich dann doch das Maß endgültig voll.

Ich stieg aus dem BMW und baute mich vor ihm auf: „Du warst doch bestimmt einer der ersten in Braunschweig, als du deine Ost-Mark eins zu eins tauschen konntest, und jetzt willst du von mir über zwanzig Ost-Mark eine Umtauschquittung sehen?" Ich war außer mir. Meinen schroffen Tonfall hörte natürlich sein Vorgesetzter, der sich nun einmischte. Nachdem ich mich wieder einigermaßen gefasst und ihm die Situation ruhig erklärt hatte, wäre eine Entschuldigung von diesen Leuten eigentlich zu erwarten gewesen. Es geschah aber das Gegenteil! „Steigen sie ein, fahren sie weiter!", legte der noch einen drauf: Dann ließen mich beide einfach stehen.

Später konnte ich mit einem Grenzer sprechen, der in Marienborn gedient hatte. Ich erzählte ihm von meinen Erlebnissen an diesem Grenzkontrollpunkt. Er musste leicht schmunzeln: „Du bist doch jedes Mal unten an der Autobahnabfahrt durch eine großes Gestell gefahren, das so ähnlich aussah, wie ein Carport. An dem war eine Früherkennungsanlage angebracht. So konnten wir dem Posten innerhalb von Sekunden mitteilen, welche unerwünschte Person gerade in die DDR einreisen wollte." Jetzt wurde mir einiges klar, aber dennoch war es unfassbar. Alle dachten doch, dass der Kalte Krieg endlich vorbei war: „Deutschland, einig Vaterland!", und dann so etwas! Die Anlage ist übrigens heute noch für alle dort zu sehen.

Und der Bungalow? Den hat Schulze uns aus gesundheitlichen Gründen nach Jahren völlig verdreckt und verkommen zurückgegeben. Bloß gut, dass ich nie einer seiner Patienten war. Natürlich hat er sich die 10.000 Mark, die auf dem Treuhand-Konto hinterlegt waren, zurückgeholt!

Spiel in Dresden

Die Zeit um den März 1990 ist für den jungen Leser heute vielleicht kaum noch nachzuvollziehen. Während Christa und ich uns in Frankfurt/Main bereits eingelebt hatten, ich arbeitete damals ja schon als Trainer bei den Amateuren der Eintracht, machte die „Noch-DDR" bedeutende Veränderungen durch. Die Grenze zwischen Ost und West war offen. Zwar wurde immernoch kontrolliert, aber jeder konnte frei reisen. Die Menschen gingen aufeinander zu. Man spürte eine gewisse Euphorie und Aufbruchstimmung, aber auch Verunsicherung. Am 18. März hatte es die ersten freien Wahlen in der DDR gegeben, im Land herrschte jetzt Pressefreiheit.

Die Bild-Zeitung konnte also jetzt auch im Osten jeder lesen. Und die engagierte sich, wollte dazu beitragen, dass man das alte Dresden wieder aufbaute. So entstand die Idee, in dieser Stadt ein Benefiz-Spiel zwischen einer gesamtdeutschen Elf und einer Weltauswahl zu organisieren. Eine Fußball-Gala, deren Erlös in den Wiederaufbau des Dresdener Schlosses einfließen sollte. Auch Christa und ich wurden zu dem Spiel eingeladen, das für den 26. März im dortigen Rudolf-Harbig-Stadion angesetzt wurde. Wie wir uns beide damals dabei fühlten, ist heute schwer zu beschreiben.

Helmut Kohl war Schirmherr der Veranstaltung im Rudolf-Harbig-Stadion in Dresden.

Schließlich wussten wir nicht, wie man uns als „Ex-DDR-Bürger" in Dresden empfangen würde. Aber dann setzten wir uns in Frankfurt/Main in den Flieger und starteten ins Sächsische. Der Flug war obendrein noch ein historischer – der Lufthansa-Jungfernflug vom Frankfurt/Main nach Dresden. Schon vor dem Start und während des Fluges wurde gefeiert.

Nach einiger Zeit meldete sich der Kapitän: „Meine Damen und Herren, ich möchte ihnen jetzt einige Informationen zu unserem Flug, beziehungsweise zu unserer Flugroute weitergeben. Wir befinden uns im Moment über Leipzig. Von jetzt an muss ich leider nach Karte fliegen. Es kann also daher zu einigen Turbulenzen kommen!" In diesem Moment kam das Flugzeug wirklich ins Schaukeln und man konnte über die Lautsprecher hören, wie Flugkapitän und Co-Pilot laut zu lachen anfingen. Dann folgte die Entschuldigung für das Wackeln: „Das war eben nur ein Scherz!"

Die Ankunft in Dresden war dann für uns schon etwas merkwürdig. Nach der Passkontrolle mussten wir auf unser Gepäck warten, das nicht auf dem Band gestanden hatte. Alle anderen saßen schon im Bus und warteten bloß noch auf meine Frau und mich. Bernd Hölzenbein machte sich darüber auch noch lustig: „Wir dachten schon, ihr seid auf dem Weg nach Bautzen!" So richtig konnten wir damals über seinen bösen Scherz wirklich nicht lachen.

Das Spiel später sollte dann ein voller Erfolg werden. Dresden erlebte ein Welt-Fußballaufgebot von einer Güte, wie es so vorher noch nie zu erleben war. Auch danach kamen nie wieder so viele prominente Kicker zusammen, die sich ohne zu zögern für diesen guten Zweck gemeldet hatten. Für die gesamtdeutsche Elf waren unter anderem Franz Beckenbauer, Paul Breitner, Uli Hoeneß, Uwe Seeler, Wolfgang Overath, „Hansi" Kreische, Peter Ducke, Hans-Joachim Streich, Karl-Heinz Rummenigge, „Dixi" Dörner, „Hansi" Müller und ich angetreten. Hinzu kamen Jürgen Grabowski, Eberhard Vogel, Rainer Bonhof, Bernd Bransch und Jürgen Croy. Als Ehrenspielführer fungierte der Kapitän der Weltmeister-Mannschaft 1954, Fritz Walter.
Auch die Weltauswahl war mehr als hochkarätig. Viele Weltmeister betraten den Rasen: Bobby Charlton, Bobby Moore, Mario Kempes, Alberto Tarantini, der Brasilianer Jairzinho und Carlos Alberto. Hinzu kamen die Vizeweltmeister von 1974 und 1978 Willi und Rene van de Kerkhoff, Johnny Rep, der tschechische Europameister von 1976 Antonin Paninka und Alain Giresse, Europameister 1984. Die Schiri-Legenden Walter Eschweiler und Rudi Glöckner sollten das Spiel pfeifen. Aber es gab noch ein Novum: Zum ersten Mal erlebten die Zuschauer an den Bildschirmen eine gesamtdeutsche Fernsehübertragung, nämlich die von Sat 1 und dem damaligen Deutschen Fernsehfunk, unter anderem kommentiert von Udo Lattek.
Nachdem das Spiel von Bundeskanzler und Schirmherr Helmut Kohl und der „Ex-DDR-Flüchtigen" Veronika Fischer angestoßen wurde, zeigte sich sehr schnell,

dass sich jeder Spieler dem Publikum von seiner besten Seite auf dem Rasen präsentieren wollte. Fast alle waren ja noch fit. So gingen wir mit viel Herz zur Sache. Ich stand direkt daneben, als Hansi Kreische nach einer Flanke von Uli Hoeneß zum 1:0 für uns einköpfte. Wer hätte sich seinerzeit, 1974 während der Weltmeisterschaft, vorstellen können, dass so etwas nun 15 Jahre später möglich war? Auch die Älteren zeigten vollen Einsatz, vor allem der mittlerweile 50jährige Uwe Seeler, der wie immer, kompromisslos überall hinging. Bobby Charlton absolvierte sogar beide Hälften.

Zur Halbzeit gab Rainer Bonhof dann ein Interview, das gut veranschaulichte, wie brisant die Zeit um den März 1990 eigentlich war. Bonhof sollte sich als Co-Trainer der BRD-Nationalmannschaft zu dem bevorstehenden EM-Qualifikationsspiel gegen die DDR äußern. Das war schon merkwürdig, denn wir Alten standen ja schon gemeinsam auf dem Platz. Letztendlich sollte dann aber Franz Beckenbauer, der an jenem 26. März schon BRD-Teamchef war, zwei Jahre später eine gesamtdeutsche Elf zum Weltmeistertitel führen.

Als das Spiel nach der zweiten Halbzeit abgepfiffen wurde, stand es 3:1 für die Weltauswahl. Der Tscheche Paninka hatte für diese einmal getroffen, der Südkoreaner Bum Kun Tscha machte zwei weitere Tore. Viel wichtiger erschien uns aber, dass reichlich Geld für den Wiederaufbau für das alte Dresden zusammen gekommen war. Schon vor Spielbeginn waren es zwei Millionen D-Mark, so hörte ich später. Schön, dass Fußball so etwas bewirken kann. Ein unvergessliches Erlebnis, das stets in meinem Gedächtnis bleiben wird!

**Vor dem Spielbeginn:
Franz Beckenbauer und ich**

„Expo-2000"

Etwa ein Jahr vor der Eröffnung der „Expo-2000" in Hannover rief mich eine Agentur an, die für die Gestaltung des Deutschen Pavillons verantwortlich zeichnete. Man fragte mich, ob ich mir vorstellen könnte, dass man dort eine Büste von mir aufstellt. Ich hatte nichts dagegen. Letztlich war es nicht mit viel Arbeit für mich verbunden, die Gestalter benötigten nur ein paar Bilder aus den 70er Jahren von mir. Also schickte ich ihnen einige. Wenige Wochen später erhielt ich dann einen Entwurf, dem ich meine Zustimmung geben sollte, wenn er mir gefiel. Ich sagte nur zu Christa: „Ganz gut getroffen, man kann mich gut erkennen.", und gab grünes Licht. Danach hörte ich lange nichts mehr von den Leuten. Eigentlich glaubte ich sogar, die Sache hätte sich erledigt. Doch dann, kurz vor der Eröffnung der „Expo", bekam ich die Einladung, mit Begleitung an der Eröffnungsfeier des Deutschen Pavillons teilzunehmen.

Christa und ich waren sehr erfreut und gleichzeitig gespannt, was da wohl von mir zu sehen wäre. Auf dem Gelände angekommen, sah man schon von weitem das hell beleuchtete gläserne Gebäude. Es war aber noch etwas Zeit bis zum Einlass. So entschlossen wir uns, einmal um den Pavillon zu gehen. Von draußen konnte man schon viel erkennen. Dann gingen wir in den Eingangsbereich, der sich allmählich mit den geladenen Gästen füllte. Plötzlich blieb meine Frau ganz erschrocken stehen. Ich dachte zuerst, sie hatte sich den Hacken vom Schuh abgerissen und fragte, was denn los sei. Darauf zeigte Christa auf eine weiße etwa vier Meter große Büste, die uns anschaute. Das war ja ich! Im ersten Moment waren wir sprachlos und gingen erst einmal an die Seite. Uns fiel auf, dass neben meiner Büste noch weitere kleinere standen, die von Konrad Adenauer, Ludwig Erhard und Willy Brandt. Ich war über die unterschiedlichen Dimensionen und die damit für mich in keinem Verhältnis stehenden geschichtlichen Leistungen der dargestellten Personen sehr erschrocken. „Komm, wir drehen um, da können wir nicht reingehen!", war meine Reaktion. Aber Christa meinte, es sei doch nicht mein Verschulden. Also sollten wir uns das auch anschauen. Ich fühlte mich in meiner Haut gar nicht wohl. Als wir an meiner Büste vorbeikamen, drückte ich auf's Tempo. Hätte ich damals gewusst, was die mit mir da vor hatten, nie hätte ich dieser Büste zugestimmt.

Später, nach der „Expo" rief mich die Agentur noch einmal an. Die junge Frau am Telefon fragte mich, ob ich die Büste haben wollte. Ich fragte sie darauf, wo ich diesen Koloss denn hinstellen sollte. Da ich wusste, dass die Büste aus Gips war, schlug ich ihr vor, sie sollen einfach einen Vorschlaghammer nehmen und richtig zuschlagen. Ob sie das dann so gemacht haben, weiß ich leider nicht.

Die Einweihung

Am Grenzübergang Marienborn wurde zum 20. Jahrestag des Mauerfalls eine Gedenkstätte eingerichtet. Genau dort, wo Christa und ich unseren Neubeginn starteten, sollte eine Ausstellung mit dem Titel „Doppelpässe – Wie die Deutschen die Mauer umspielten" eröffnet werden. Der Leiter der Gedenkstätte, Dr. Frank Stucke, ein ehemaliger Student von mir, bat mich, dies als Gast zu übernehmen. Natürlich eine große Ehre für mich, aber in all den Jahren, in denen wir dort vorbeifuhren, überkam uns immer ein beklemmendes, erdrückendes Gefühl, verbunden mit negativen Erinnerungen.

Christa und ich wollten eigentlich von den Geschehnissen an der Grenze, den Verhören und Verhaftungen nach gescheiterten Fluchtversuchen, teilweise mit tödlichem Ausgang, die ja heute dort in Wort und Bild dokumentiert sind, nichts mehr wissen. Es kostete uns also eine gewisse Überwindung, aber dennoch taten wir es. Im Nachhinein wissen wir jetzt, dass es richtig war. Die Aufarbeitung der Geschehnisse an den Grenzen, die ja leider zur deutschen Geschichte gehören, ist und bleibt absolut notwendig. Sie sollte deshalb stets fester Bestandteil des Geschichtsunterrichts an unseren Schulen sein.

Wir haben immer gesagt, dass unsere vielen Akten, die sich in den Archiven der Birthler-Behörde befinden, vernichtet werden können. Nach dem, was wir wissen, hat unserer Familie bis auf Walter Kirnich, 2. Sekretär der SED-Bezirksleitung Magdeburg, niemand geschadet. Denen, die vielleicht doch etwas über uns geschrieben oder berichtet haben, verzeihen wir.

Ich signiere den „Trabi", der als erster DDR-PKW über den Grenzübergang Marienborn in BRD eingereist war. Auch der damalige Bundespräsident Köhler hatte sich auf dem Fahrzeug bereits verewigt.

Fußball-Theater

Im Frühjahr 2008 erhielten Christa und ich eine Einladung ganz besonderer Art. Der Theaterintendant Christoph Werner, Vertreter von „Theater der Welt", bat uns, am 22. Juni nach Halle zu kommen. Unter dem Motto „Komm! Ins Offene!" sollte die Stadt zur Aktionsfläche von Aufführungen verschiedenster internationaler Künstler werden. Der Schweizer Schauspieler Massimo Furlan hatte schon in Paris, Mailand und Lausanne Erinnerungen und nationale Mythen als Solo-Performer in Installationen und Theaterproduktionen thematisiert. Jetzt wollte er mich im „Kurt-Wabbel-Stadion", ganz allein auf dem Platz, 90 Minuten lang, ohne Ball, mit seinem Projekt „22. Juni 1974, 21 Uhr 03" im besagten WM-Spiel quasi doubeln. Wir konnten uns das zuerst gar nicht richtig vorstellen. Wie und was wollte der da machen, um die Leute so zu unterhalten, dass sich keiner langweile? Würde das überhaupt jemanden interessieren? Allein auf dem Platz und noch dazu ohne Ball?

Wir waren also sehr gespannt, als wir dann später nach Sachsen-Anhalt fuhren. Was wir dann aber im „Kurt-Wabbel-Stadion" erlebten, hätten wir so im Leben nicht erwartet. Genau 34 Jahre nach dem einzigen deutsch-deutschen Länderspiel kamen 3 500 Zuschauer, um zu sehen, wie der Schweizer im DDR-Trikot auflief. Die gesamte Tribüne war voller Menschen. Ich fragte Bernd Bransch, der ja damals unser Mannschaftskapitän gewesen war und nun beim Halleschen FC im Vorstand saß, ob denn sonst auch so viele zu den Spielen seiner Mannschaft kämen. „Nee, nicht wirklich!" lachte der.

Die Stimmung war tatsächlich sehr ausgelassen. Viele hielten schon ein Radio an ihr Ohr, das alle am Eingang erhalten hatten. Man konnte darauf entweder den Original-Ost-, oder West-Kommentar von 1974 einstellen. Es gab sogar Leute, die eine DDR-Flagge mit dabei hatten – mit Emblem, aber auch rausgeschnitten.
Dann kam die Kapelle auf den Platz. Die „Mannschaften waren ja angetreten", und wie damals sollten jetzt die Hymnen gespielt werden. Das war fast grotesk: „Auferstanden aus Ruinen ..." wie im Reflex standen viele Zuschauer jetzt auf, anscheinend über sich selbst erschrocken. „Einigkeit und Recht und Freiheit ...", mancher setzte sich plötzlich wieder hin. Ich hatte fast den Eindruck, man schien sich angesichts dieser Irritation gegenseitig auszulachen.
Dann kam der „Anpfiff", Furlan ging meine Wege, angefeuert durch das Publikum, das sich überhaupt nicht zu langweilen schien. Alles tat so, als wären da zwei komplette Mannschaften auf dem Platz. Ein wenig musste ich bei dem Gedanken schmunzeln, dass 1974 auch nicht mehr „Ossis" das Spiel life im Stadion miterlebt hatten, nur dass sie diesmal nicht von den „Oberen" ausgesucht worden waren.

Es kam mir auch irgendwie vor, als kannten viele die Spielsituationen von damals auswendig. Als Furlan an meiner Stelle die gelbe Karte wegen Meckerns bekam, das war ja damals die einzige im Spiel, reagierten die ausgelassenen Zuschauer sofort. Es war an diesem Tag heiß und schwül, jetzt zogen auch noch Wolken auf, und es begann leicht zu nieseln. All das interessierte niemanden, man unterhielt sich gegenseitig mit „La Ola"-Wellen und feierte.

Als dann die 78. Minute kam, bot sich ein fast unwirkliches Bild. Hinter uns schien wieder die Sonne, vor uns hatte sich eine dunkle Wolkenwand aufgebaut. Ein herrlicher Regenbogen war in dem Moment zu sehen, als der „Schweizer Sparwasser" unten auf dem Feld den Ball annahm. „Hau jetzt bloß nicht vorbei!", war von der Tribüne zu hören. Tat er nicht! Alles jubelte. Das war unglaublich. Heribert Fassbender, der 1974 West-Kommentator gewesen war, hatte während der Aufführung neben mir auf der Tribüne gesessen. Nach dem „Abpfiff" gingen wir gemeinsam zu Furlan auf den Rasen, um ihn zu beglückwünschen und dem Publikum zu danken. „Ich grüße Halle!", rief ich „Hallo Spary!", kam es von den Plätzen zurück. Da lief es mir schon kalt den Rücken herunter.

Der Traum geht weiter

Auch inspiriert vom Engagement meines Onkels Kurt, der sich seinerzeit so stark für die Nachwuchsförderung rund um Halberstadt eingesetzt hatte, bin auch ich heute noch bestrebt, meine Erfahrungen an junge Fußballer weiterzugeben. So entstanden die Pläne für eine eigene Fußball-Akademie, an denen ich viele Jahre gearbeitet habe. In der Gemeinde Brieselang als Standort, der Ort liegt in der Nähe von Nauen, unweit von Potsdam und Berlin, fand ich Partner, mit denen ich ein solches Konzept erfolgreich umsetzen konnte, wenn auch der Weg bis zur Finanzierung wirklich sehr lang war. Viele Hindernisse mussten da überwunden werden.

Mein langjähriger Weggefährte und Freund, die Torwartlegende Jürgen Croy, sagte mir sofort seine Unterstützung für mein Projekt zu, nachdem ich ihm davon erzählt hatte: „´Spary`, ich finde es großartig, dass ein technisch so versierter Stürmer wie du, der für Magdeburg und in der Nationalmannschaft so viele wichtige und entscheidende Tore schoss, seinen Erfahrungsschatz an junge, heranwachsende Talente weitergeben will!", schrieb er mir. Auch mein ehemaliger Stürmerkollege Joachim Streich war begeistert: „Wir beide haben während unserer Karriere schon einige gegnerische Abwehrreihen zur Verzweiflung gebracht und uns in entscheidenden Spielsituationen vor dem Tor fast blind verstanden. So etwas lernt man nicht mit einer Fußballfibel in der Hand, das muss man vermittelt bekommen!", kommentierte er meine Pläne.

Ich habe das Fußballspielen ja noch auf der Straße gelernt. So etwas gibt es aber heute nicht mehr. Ein Grund mehr also, zeitgemäße Formen der Ausbildung zu finden. Es gibt da aber auch noch einen nicht unerheblichen sozialen Aspekt: Jugendliche treten den Ball, jedoch nicht ihre Mitschüler!

Noch ist der Traum von meiner Fußball-Akademie nicht Wirklichkeit geworden. Verschiedene parteipolitische Interessen behinderten unter anderem bisher seine Umsetzung. Aber ich wäre nicht Jürgen Sparwasser, wenn ich sie nicht so zielstrebig weiterverfolgen würde, wie einst im Training als Sportler, als ich mich auf bevorstehende Spiele vorbereitete. Erfolg ist eben die Summe richtiger Entscheidungen – ob nun auf dem Rasen, oder im richtigen Leben.

Fußb

Was damals in unserer aktiven Zeit als Fußball notwendig war, ist heute für uns zur Traditi
geworden. Jedes Jahr, an einem Wochenende u
den 8. Mai herum, trifft sich die Elf, die 1974 d
Europapokal der Pokalsieger nach Magdebu
holen konnte.

ie Frauen sind natürlich stets mit dabei. Unsere reffen finden immer an einem anderen Ort statt. b in Oberammergau, wo Detlef Raugust jetzt zu ause ist, oder in Wernigerode, im Harz – jener egion, in der so viele Spieler von uns mit dem ußball begonnen haben.

„Spary's" spielten Fremdenführer

Sein 1:0 für die DDR gegen West-Deutschland bei der WM 1974 kennt jeder. Doch Jürgen Sparwasser (62) hält den Europacup-Sieg 1974 mit dem 1. FC Magdeburg (2:0 gegen AC Mailand) für wichtiger: „Da habe ich mein bedeutendstes Tor im Halbfinale gegen Lissabon geschossen."

Jetzt lud der Bad Vilbeler Mitspieler von damals zum Wiedersehen nach Frankfurt ein, buchte Zimmer im Lindner-Hotel und den Touring-Bus. „Einmal im Jahr treffen wir uns alle." 13 Europacup-Sieger samt Frauen machten einen Ausflug nach Rüdesheim und bummelten dann von der Alten Oper über den Eisernen Steg zum Römer.

„Beim Ebbelwei in der Traditionskneipe ‚Wagner' Sachsenhausen musste ich einigen erklären, dass es in die Hose gehen kann, wenn man zuviel davon trinkt..."

Touring-Vertriebleiter Sven Hohmann (links) chauffierte Jürgen Sparwassers Magdeburger

2010 war es an uns Sparwassers, dieses alljährliche Traditionstreffen auszurichten. In seinen letzten Lebensjahren war unser Trainer aus gesundheitlichen Gründen leider nicht mehr dabei. Aber jeweils am Montag nach unserer Zusammenkunft hatte Heinz Krügel immer eine Postkarte von uns in seinem Briefkasten. Wir werden unseren väterlichen Freund, der letztendlich wie kein anderer die sportliche und persönliche Entwicklung eines jeden von uns entscheidend geprägt hat, niemals vergessen.

Jürgen Sparwasser - Länderspiele und Erfolge

A-Auswahlspiele für die DDR: 53 • Tore für die A-Auswahl der DDR: 15
Spiele für die Olympiaauswahl der DDR (Tore): 11 (6)

Länderspieleinsätze (Tore):

Datum	Spiel	Ergebnis	Tore
22.06.1969	DDR-Chile	0:1	
09.07.1969	DDR-Ägypten	7:0	(2)
25.07.1969	DDR-UdSSR	2:2	(2)
08.12.1969	Irak-DDR	1:1	
19.12.1969	Ägypten-DDR	1:3	(1)
27.07.1970	DDR-Irak	5:0	
06.09.1970	DDR-Polen	5:0	
15.11.1970	Luxemburg-DDR (EMQ)	0:5	
24.04.1971	DDR-Luxemburg (EMQ)	2:1	
16.08.1971	Mexiko-DDR	0:1	(1)
10.10.1971	Holland-DDR (EMQ)	3:2	
27.05.1972	DDR-Uruguay	1:0	
28.08.1972	DDR-Ghana	4:0	(1)
01.09.1972	Polen-DDR	2:1	
03.09.1972	Ungarn-DDR	2:0	
10.09.1972	DDR-UDSSR	2:2 n.V.	
07.10.1972	DDR-Finnlartd (WMQ)	5:0	(2)
01.11.1972	CSSR-DDR	1:3	
15.02.1973	Kolumbien-DDR	0:2	
18.02.1973	Ekuador-DDR	1:1	
07.04.1973	DDR-Albanien (WMQ)	2:0	(1)
17.07.1973	Island-DDR	1:2	
19.07.1973	Island-DDR	0:2	
26.09.1973	DDR-Rumänien (WMQ)	2:0	
17.10.1973	DDR-UdSSR	1:0	
03.11.1973	Albanien-DDR (WMQ)	1:4	(1)
21.11.1973	Ungarn-DDR	0:1	
26.02.1974	Tunesien-DDR	0:4	
28.02.1974	Algerien-DDR	1:3	
13.03.1974	DDR-Belgien	1:0	
27.03.1974	DDR-CSSR	1:0	
23.05.1974	DDR-Norwegen	1:0	(1)
29.05.1974	DDR-England	1:1	
15.06.1974	DDR-Australien (WME)	2:0	
18.06.1974	DDR-Chile (WME)	1:1	
22.06.1974	BRD-DDR (WME)	0:1	(1)
26.06.1974	Brasilien-DDR (WME)	1:0	
30.06.1974	Holland-DDR (WME)	2:0	
03.07.1974	DDR-Argentinien (WME)	1:1	
25.09.1974	CSSR-DDR	3:1	
30.10.1974	Schottland-DDR	3:0	
16.11.1974	Frankreich-DDR (EMQ)	2:2	(1)
29.07.1975	Kanada-DDR	0:3	(1)
03.09.1975	UdSSR-DDR	0:0	
19.11.1975	CSSR-DDR	1:1	
12.07.1977	Argentinien-DDR	2:0	
28.07.1977	DDR-UDSSR	2:1	(1)
17.08.1977	Schweden-DDR	0:1	
01.09.1977	DDR-Schottland	1:0	
24.09.1977	Österreich-DDR (WMQ)	1:1	
12.10.1977	Österreich-DDR (WMQ)	1:1	
29.10.1977	DDR-Malta (WMQ)	9:0	(1)
16.11.1977	Türkei-DDR (WMQ)	1:2	

Internationale Erfolge:

• 3. Platz Olympische Spiele 1972
• 6. Platz Weltmeisterschaft 1974
• Europapokal-Gewinner der Pokalsieger 1974
• 1. Platz UEFA-Junioren-Tumier 1965

Nationale Erfolge:

• DDR-Meister
  1972, 1974, 1975
• DDR-Vizemeister
  1977, 1978
• 3. Platz DDR-Meisterschaft
  1968, 1969, 1973, 1976
• FDGB- Pokalsieger
  1969, 1973, 1978, 1979

Familie

Junges Familienglück

Silkes Einschulung

Christa und ich

Beim Stöbern in den Memoiren

Besuch in Bad Vilbel

Philipp

Urlaub in Barcelona **Trainingspause mit Enkel** **Philipp im Rivelino-Trikot**

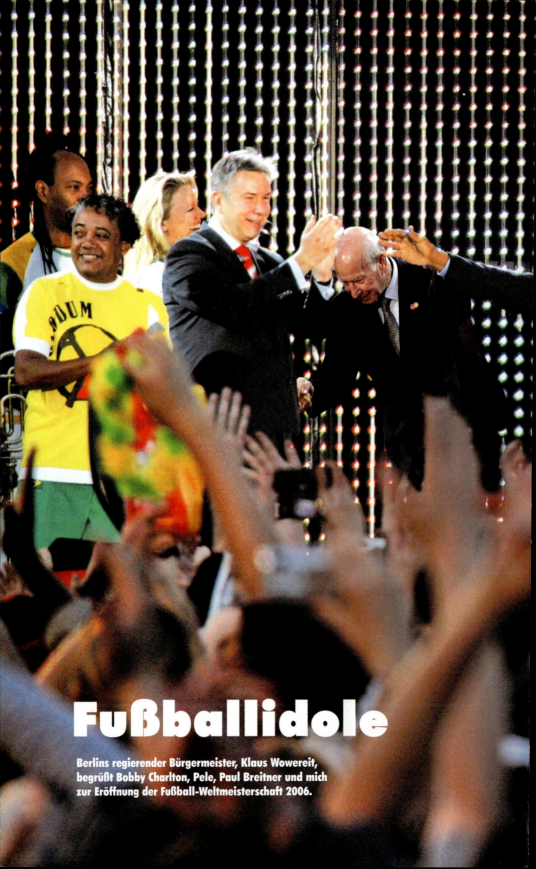

Fußballidole

Berlins regierender Bürgermeister, Klaus Wowereit, begrüßt Bobby Charlton, Pele, Paul Breitner und mich zur Eröffnung der Fußball-Weltmeisterschaft 2006.

Franz Beckenbauer

Günter Netzer

Berti Vogts

Paul Breitner

Udo Lattek

Mit den Sponsoren für den „Walk of Fame" in Magdeburg, Wolfram und Peter Brink

Großer Bahnhof bei der Eintragung in das Goldene Buch von Halberstadt und München

Austellungseröffnung mit Gerhard Schöder im Bundeskanzleramt in Berlin 2006

Die Ehrenurkunde des 1. FC Magdeburg

Erinnerungen

Der ZEHA-Sparwasser-Freizeitschuh

Die „Veteranen" des 1. FCM vor dem Jubiläumsspiel „30 Jahre Europapokalsieg", 2004

Fußball-Erinnerungsstücke in meinem Haus

Gruppenbild mit Europapokal der Pokalsieger: Der Präsident der Europäischen Fußball-Union (rechts), der Schwede Lennart Johansson, präsentiert sich in Birmingham mit lauter Siegern aus Jahrzehnten. Der letzte Gewinner kommt mit Lazio Rom aus Italien.
Foto Bongarts

1999 vertrat ich den 1. FC Magdeburg anlässlich der Europapokal-Beerdigung in Birmingham.

„Ecki" Meyer und ich

Der Erinnerungswimpel – Rotterdam 1974

Wenn das

nni wüsste

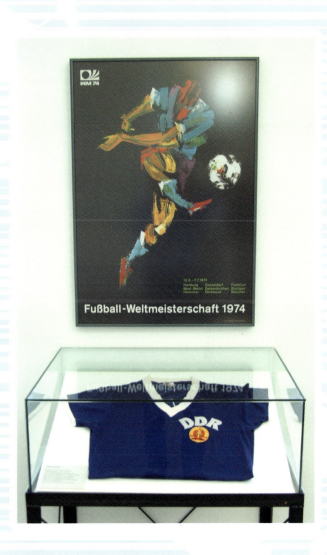

**Wolfgang Overath und ich bei der Trikotübergabe
an das Haus für Deutsche Geschichte in Bonn – seine Versteigerung
zugunsten der Flutopfer-Hilfe in Dresden erbrachte 35.000 Euro.**

Wie schieße ich meine Tore?

die Abwehrkette der Gäste. Jürgen Sparwasser lieferte wohl das Spiel seines Lebens. Herrlich seine Schüsse, imponierend seine Spielübersicht und bemerkenswert sein Torinstinkt. Von Spiel zu Spiel wird der junge Torjäger wirkungsvoller. Wie lange will ihn eigentlich der Auswahlchef noch übersehen?

Kein Zweifel, der Dirigent der Magdeburger Galashow hieß Jürgen Sparwasser (geb. am 4.6.1948) Vor einer länderspielwürdigen Kulisse (aber diese dummen, unfairen Pfiffe!) bot er eine länderspielreife Leistung, war von Strempel nie zu stellen, erzielte zwei Tore, dribbelte schoß, daß das Zusehen eine Freude war. Und doch nicht die Höchstnote? Durch seine Verwarnung (nach einem Revanchefoul an Strempel und einem an Stein völlig korrekt) machte er selbst einen Abstrich an seiner großartigen Leistung. „Ich weiß", gestand er freimütig, „das war höchst überflüssig." Diese Form diese Lockerheit, diese frisch-fröhliche und gekonnte Art wünscht man dem Magdeburger auch in der Auswahl. „Das wünsche ich mir selbst", sagte er. „Seit zwei Jahren überlege ich schon, warum ich da nicht so auftrumpfe. Vielleicht überlege ich zuviel. Im Bestreben, alles gut zu machen, geht manches daneben." Wer seiner Mittel sicher ist, und das kann der Jürgen durchaus sein, der überspringt auch diese Hürde!

Sparwasser nach dem sensationellen 2:0 des 1. FCM über den AC Mailand im Europacup-Endspiel der Pokalsieger in Rotterdam seinen Trainer Heinz Krügel. „Mir standen vor Freude die Tränen in den Augen. Ich habe nachher in der Kabine geheult", bekennt Jürgen, „wir waren ziemlich ruhig ins Spiel gegangen. Gewissenhaft hatten wir uns vorbereitet. Der Trainer hatte uns viele Zeitungsschnitte gegeben mit der Aufforderung: Lest sie gründlich, studiert s...

Der einzige echte Reißer: Jürgen Sparwasser. Noch ist Heinz Oelze nicht formbeständig genug, um wie einst Achim Walter das wirkungsvolle Pendant zu ihm zu bilden!

vor dem Sozialge... der Weltjugend hatten sich mittlerweile Gratulanten en gros angemeldet, vornweg die Frauen und Bräute. Es dauerte auch gar nicht lange, da warf Jürgen Sparwasser sein Sieger-Osterglockensträußchen seiner Frau zu, was sozusagen einen wahren Blumenregen aus den Kabinenfenstern zur Folge hatte.

Ihr Hobby?
Musik. Ich besitze bereits eine stattliche Zahl von Schallplatten mit guter Tanzmusik.

Jürgen Sparwasser loste den dritten Preis – ein Klappfahrrad – für Genossen Weimarer, Elektronische Daten- verarbeitung studierenden Wilfried ...mann. Selbstverständlich ...n sie gleich eine Ehrenrunde.

„sprachrohr": Welche Tips können Sie den jüngeren Fußballern geben?

Jürgen Sparwasser: Der Sport wirkt positiv auf die Persönlichkeitsentwicklung ein, und außerdem sind die Erlebnisse, die man durch den Sport hat, unvergeßlich. Darum früh anfangen.

Rolf Rußmann, Vorstopper der Nationalelf und des FC Schalke 04, konnte nach der 2:4-Niederlage der Schalker beim 1. FC Magdeburg eine Nacht nicht schlafen. Sein Gegenspieler Jürgen Sparwasser hatte gegen ihn drei Tore geschossen. „Ich schwöre, beim Rückspiel im Parkstadion fresse ich ihn auf", meinte der lange Vorstopper immer wieder...

SED-...n: Warum bist du ...zusammen... ...glied der ... geworden?
Das kann ich mit einem Satz beantworten. Weil ich überzeugt davon ...daß der Aufbau des Sozial... ...DDR unter Führung ...beiterklasse... ...mt, und ...nen möchte

einfach ab. Sparwasser fiel nur durch unangenehme Rededuelle mit dem sehr überzeugenden Schiedsrichter Köhler auf. Gerade als sehr

Stürmerstar Jürgen Sparwasser war an einem gefütterten K... ...dermantel interessiert. Ansonsten gab sich der Mittelstürmer spröde und fuhr die Fotografen an: „Um 18 Uhr trainierten die Magdeburger dann noch kurz im Olympiastadion, um das Flutlicht zu testen.", ich will meine Ruhe." Haut ab,

Billi Resch, Kunstmaler:
„Sparwasser? Kenn ich nicht. Sie meinen wahrscheinlich den österreichischen Maler, den Freudenreich Hundertwasser. Malt pfundige Bilder. Was, der ist es nicht? Ja, dann kann ich ihnen auch nicht weiterhelfen. Aber vielleicht ist der Sparwasser der Steuerberater vom Hundertwasser."

Jürgen Sparwasser war der „Ueberraschungs-Gratulant" für Genossen Walter Ratsch aus dem Konsum-Schuhhaus

Wie in einen aufgescheuchten Hühnerschwarm stießen Walter und Sparwasser mit ihren kraftvollen Attacken nach Halbzeit – die FCK-Deckung fand keine Bande! Hier versuchen A. Müller und Feister den drangvollen Sparwasser zu stoppen.

Auf meinem Grabstein muss
nur stehen: „Hamburg 1974",
dann weiß jeder, wer da
in der Kiste liegt.
Hoffentlich wartet der da oben
noch viele Jahre!
Ihr Jürgen Bahrs

Literatur-, Quellen- und Bildnachweis

Wir danken allen, die uns für die Produktion dieses Buches bereitwillig ihr Fotomaterial zur Verfügung gestellt haben.

Haus für Deutsche Geschichte, Bonn

Christa und Jürgen Sparwasser, Bad Vilbel, Privatarchiv

Manfred Zapf, Berlin, Privatarchiv

Für die Gestaltung wurden ausschließlich Pressebeiträge verwendet, die Christa Sparwasser im Laufe der vielen Jahre folgenden Zeitungen und Zeitschriften entnommen hat:

Die Neue Fußballwoche, Sportverlag, Berlin

Deutsches Sportecho, Sportverlag, Berlin

Magdeburger Volksstimme, Magdeburg

Junge Welt, Berlin

NBI, Berlin

Bild, Hamburg

SUPERillu, Offenburg/Berlin

Neue Ruhrzeitung

Westdeutsche Allgemeine Zeitung

Trotz intensiver Recherchen konnten leider nicht alle Rechte-Inhaber zweifelsfrei ermittelt werden. Diesbezüglich berechtigte Ansprüche bitten wir an uns zu richten.

Texte:
Detlef Noack,
unter Verwendung der schriftlichen Memoiren von Jürgen Sparwasser

Konzept, Satz und Layout, grafische Umsetzung:
Detlef Noack

Druck:
Druckerei Schiemenz GmbH, Cottbus

ISBN: 978-3-00-032122-1

Alle Rechte vorbehalten. Jede Verwendung,
auch auszugsweise, bedarf der Zustimmung
von Jürgen Sparwasser und Detlef Noack.